# まるごと キッズマジック 大集合 BOOK

超ウケ BEST 54

藤原 邦恭

## はじめに

　この本は、2010年に刊行された『超ウケ キッズマジック』全3巻を1冊にまとめたものです。小学校低学年から取り組める内容のマジック入門書として、より手に取りやすくなりました。

　学校の友だちの前で、「みんなが驚き、主役になれることやりたいなあ」と思ったら…、それはやっぱりマジックです。マジックは不思議でおもしろいです。不思議でおもしろいことは、みんなが注目するからです。

　マジックが成功してみんなを楽しませれば、それはそれは一躍人気者。でも器用じゃないからどうかなあ？　失敗するかも？　なんて心配はごもっとも。

　でも秘密を正しく理解し、場面に合ったマジックを選べば、器用かどうかは関係ありません。仮に失敗してもオーケーです。さらに練習して、人前で見せる。この経験をくり返して上達していくことが大事です。

　この本は場面と種類に応じたマジックを3章に分けてお届けします。そして、気持ちは1つ…です。マジックを身につけ、演じることでより多くの友だちをつくりましょう。それができるのがマジシャンのすてきな特権なのです。

　さあ、マジックという魔法にかかるのは君だ！

**いかだ社**

# もくじ

## Part1 お楽しみ会・お誕生会 編

| | |
|---|---|
| キャンディーカップ ……………………………… | 9 |
| 魔法の折り紙 ……………………………………… | 13 |
| ハンカチと謎の通り道 …………………………… | 16 |
| はなれられないカード …………………………… | 19 |
| 　マジックの秘密にせまれ／マジッククイズ１ ………… | 23 |
| ミステリーなロープ ……………………………… | 24 |
| のびる新聞ツリー ………………………………… | 28 |
| 移動するわりばし ………………………………… | 30 |
| すり抜けるせん抜き ……………………………… | 34 |
| 魔法のストロー …………………………………… | 36 |
| 落ちないわりばし ………………………………… | 38 |
| 　マジックの秘密にせまれ／マジッククイズ２ ………… | 41 |

| | |
|---|---|
| ウサギのダンス ………………………………………… | 42 |
| きらきら星 ………………………………………… | 44 |
| マジックの秘密にせまれ／マジッククイズ3 ………… | 47 |
| 瞬間！ロープの入れかわり ………………………… | 48 |
| ジャケットがにげた！ ………………………………… | 50 |
| マジックの秘密にせまれ／マジッククイズ4 ………… | 53 |
| 力持ちなトランプ ………………………………… | 54 |
| おいしい新聞 ………………………………………… | 56 |
| 気持ちを伝えるふうとう ……………………………… | 60 |
| お金持ちになるふうとう ……………………………… | 63 |
| マジッククイズの解答 ………………………………… | 66 |

3

## Part2 休み時間・自由時間 編

輪ゴムのテレポート ………… 69
安全ピンが…？ ………… 72
そろいでる数字 ………… 74
ちぢむペン ………… 78
　マジックの秘密にせまれ／ボディマジック１ ………… 80
曲(ま)がるペン ………… 82
コインはどこ？ ………… 84
コインのさんぽ ………… 87
　マジックの秘密にせまれ／ボディマジック２ ………… 90
２分(ぶん)の１の確率(かくりつ) ………… 92
ちぎれないストロー ………… 95
じまんのわりばし ………… 97

| | |
|---|---|
| スルスルハンカチ | 100 |
| むすべないひも | 103 |
| マジックの秘密にせまれ／ボディマジック3 | 106 |
| ダルマむすび | 108 |
| ハンカチネズミ | 110 |
| 逆立ちゴリラ | 113 |
| マジックの秘密にせまれ／ボディマジック4 | 116 |
| ありえない再生紙 | 118 |
| じゅもんはくり返す | 121 |
| ペアーマッチ | 125 |

# Part3 ミステリーマジック編

友だちとテレパシー …………………………… 129
手のひらに霊気(れいき) …………………………… 131
ろくろ親指（のびる親指）………………………… 133
　マジックの秘密にせまれ／スペシャルカードマジック１ … 135
おどるつまようじ ……………………………… 137
魔のお札 ………………………………………… 139
たましいと肉体 ………………………………… 141
生きているヘアピン …………………………… 143
死神(しにがみ)のいたずら …………………………… 145
　マジックの秘密にせまれ／スペシャルカードマジック２ … 147
命のオーラ ……………………………………… 149
テレパシート …………………………………… 152

| | |
|---|---|
| 恐怖の落とし物 …………………………………… | 155 |
| 1/2（にぶんのいち）の霊感 …………………… | 158 |
| １つ目小僧は？ ……………………………………… | 161 |
| 　マジックの秘密にせまれ／スペシャルカードマジック３ … | 164 |
| 魔界からの訪問者 ………………………………… | 167 |
| 財宝を探せ ………………………………………… | 169 |
| おばけバラバラ事件 ……………………………… | 171 |
| 吸血バンパイア …………………………………… | 174 |
| 世界３大モンスター ……………………………… | 179 |
| 　マジックの秘密にせまれ／スペシャルカードマジック４ … | 184 |

## PART 1
## お楽しみ会・お誕生会編

みんなが集まり、マジックを発表する場として
最高の場面はどんな時…?
それは、ここでしょう。
おおぜい集まった中でやるマジックは
緊張もするでしょう。
けど、こうした楽しい集まりの場合、見る側に楽しむ
準備ができていて、意外とやりやすいもの。
そして、うまくいった時の歓声は格別です。
一生の思い出になるといっていいくらい。
ここでは、そのためのマジックを用意しました。
大勢いても見やすいマジック、現象が派手なマジック、
観客に参加してもらえるマジックなど。
これで注目度アップは確実です。
やりがいをもってのぞもう!

# キャンディーカップ

**秘密だよ…**

何も入っていないはずのカップから、
キャンディーが出てくる…。
ミルクやいちご、ブルーハワイ…、
かき氷シロップが出ても大ウケだ！

| 難易度 | やさしい★ |
|---|---|
| テクニック | 少し必要★★ |
| 見せたい人数 | 10人くらい |

●●●●●用意するもの●●●●●

やわらかい透明のプラスチックカップ　2こ
透けない色の画用紙　約13×19cm
色とりどりのキャンディー

# 秘密のタネづくり

**タネあかし**

①コップを2つ重ねると、内側のカップが少しはみ出る。
このはみ出るフチを切りとり、タネをつくる。

②画用紙をよこに丸めてカップに入れる。

③タネにキャンディーを入れる。

④タネをカップにおさめる。

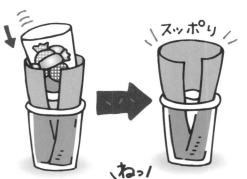

**注意** 画用紙が丸まりすぎないように、演じる直前に準備しよう。

キャンディーカップ

10

# 演技の達人

**1**「透明なカップに紙が入っていま〜す」
観客にカップをよく見せる。

**3** タネはかくしたまま、カップから画用紙をとる。

ココがポイント！

### タネあかし

**2**「この紙をぬきま〜す」
画用紙と内側の秘密のタネをいっしょにつまむ。

[裏]

**ワザ** タネを少し引き上げ、**画用紙の中央にする。**

**4**「カップは、からですね〜」
カップ全体を見せる。

**ワザ** 観客側に手をのばし、からであることを強調しよう。

キャンベルトーカップ

タネあかし

**5** タネをカップにもどしていく。

**6** カップがかくれたら、完全にタネをもどす。

**7** 画用紙をたてにする。

 5、6、7はなめらかに見せると効果的だ！

**8** 「ジャーン（ゆっくりと気持ちをこめて）」
画用紙をよこにどけると、カップにはキャンディーがあらわれる。

**9** 「いつの間にか、キャンディーが入っていました！」
いくつかのキャンディーをとりだして見せる。

応用　どんぐりを集めて、出現させてもおもしろい。
画用紙にどんぐりの木をかいておく。7の時、この紙をカップの前でゆらしてから、どんぐりを見せよう。絵にかいてある木から、どんぐりが落ちてきたように見せられるはずだ。

 秘密のタネをうっかりずらさないようにすれば、大成功！

# 魔法(まほう)の折(お)り紙

秘密だよ...

せんたくばさみをつけた折り紙を、ぱっとよこに広げると、瞬間(しゅんかん)にお札(さつ)が出てきた！みんなはビックリ大喜び！

| 難易度 | やさしい★ |
|---|---|
| テクニック | 即席★★ |
| 見せたい人数 | 10人くらい |

●●●●●用意するもの●●●●●
B5のコピー用紙
せんたくばさみ　同じものを２こ
お札

### タネあかし

# 秘密のタネづくり

①お札を図のように折る。

②コピー用紙を図のように折る。

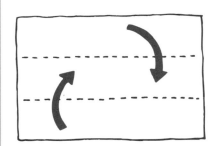 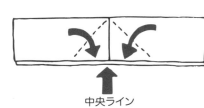 

③カブトの形になる。

④カブトを裏返し、お札をせんたくばさみで上下にとめる。

 **注意**

観客にはお札をつけた裏側は見られないようにすること。

魔法の折り紙

# 演技の達人

タネあかし

**1** 「これは魔法の折り紙です。みなさんが好きな、あるものが出てきます。まん中に注目！」
図のように持つ。

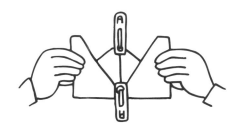

[下から見た図]

**ワザ** 両親指は紙の間に入れておく。

**2** 「イチ、ニー、サン！」
「サン」のかけ声の時、両手ですばやく紙を左右に引っぱる。紙は反転し、お札が一瞬で観客側にあらわれる。

**3** 「やった～！ なんと千円札が出てきました！」
お札を紙からはずし、広げて見せる。

**注意** 紙は破れやすいので、新しい紙を使う。せんたくばさみをとめる位置や、よこに引っぱる強さは、何度か練習してコツをつかもう。

魔法の折り紙

15

# ハンカチと謎の通り道

秘密だよ…

ハンカチをコップに入れる…なのに
コップの底から抜け出てしまう。
なぜ、ハンカチはコップをすり抜けてしまうんだ！

| 難易度 | やさしい★ |
| --- | --- |
| テクニック | 即席★ |
| 見せたい人数 | 大ぜい |

●●●●●用意するもの●●●●●

形がたてにまっすぐな透明のコップ
ハンカチ（2種類）
輪ゴム

## 演技の達人

### タネあかし

**注意** 演じる前に、観客にコップの底をよく見せると、不思議度が上がる。
コンコンたたかせて、しかけのない印象(いんしょう)を伝えることを忘れないように！

### 1「コップにハンカチを入れて…」
コップにハンカチを入れる。右手でコップの下の方を持つ。

### 2「もう1枚のハンカチでふたをします」
左手のハンカチをコップにかぶせる直前に、右手でコップを反転させる。

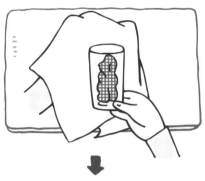

↓

ハンカチと謎の通り道

**タネあかし**

## 3「輪ゴムをかけて、ハンカチをとじこめます」
ハンカチをコップにかぶせ、コップの口をふさぐように輪ゴムをかける。

## 4「見てください…とじこめたハンカチがこのとおり…」
右手でコップの中のハンカチをゆっくり引き出す。

**ワザ** コップの底に輪ゴムをかけていることになる。

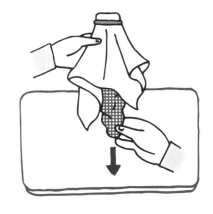

## 5「コップの底に穴でもあいていたのかな…」
ふたたび右手をもぐりこませ、コップの下の方を持つ。

## 6「コップをもう1度、見てみましょう」
輪ゴムをはずし、左手でかぶせているハンカチを持ち上げ、右手でコップを反転させる。

## 7「穴はあいていません。ハンカチは謎の通り道を使って、抜け出てしまったんですね！」
コップを調べさせて、演技はおしまい。

**ワザ** 右手でコップの向きを元にもどしておく。

ハンカチと謎の通り道

# はなれられないカード

観客参加型の楽しいマジックだ。
6種類のカードは、切っても切っても、
なぜかまた、同じところにもどってきてしまう…。

| 難易度 | やや難しい★★ |
| --- | --- |
| テクニック | 少し必要★★ |
| 見せたい人数 | 6人～ |

●●●●●**用意するもの**●●●●●

画用紙（B4サイズくらい）
絵をかくためのペン

# 演技の達人

**タネあかし**

はなれられないカード

**1**「この紙に、みなさんの好きなくだものをかきま〜す！」
6等分(とうぶん)のマスをかき、その中に絵をかく。

**2**「折り目をつけて、切っていきま〜す」
マス目にそって6枚に切りわける。

**3**「6枚のカードになりましたね」

**4**「このカードを裏向きにして、よくまぜます」

## 5「よくそろえて〜」

## 6「もう1度、半分に切ります」

## 7「そして1つに重ねます。これで、カードはバラバラの12枚になりましたね」

2つのカードを1つに重ねる。さらに、適当な所で2つにわけ、上下を入れかえて重ねる（これをカットという）。ごちゃまぜに切ってはいけない。

**ワザ** 6枚のカードを2つに切って重ねれば、同じカードは自動的に6枚おきになっている。カットを何回しても、この『6枚おき』はくずれないのだ。

## 8「それでは、6人の人に1枚ずつくばりま〜す」

裏向きのまま、上から順番に1枚ずつくばる。

はなれられないカード

### タネあかし

**9**「残りの6枚も、同じ人に1枚ずつくばりま〜す」
残りも同じ順番にくばる。

**10**「ではみなさん、2枚のカードを見てみてください。カードがまたそろっちゃいましたね！」
カードは全て同じでそろっている。

はなれられないカード

**注意** 6、7をまちがえないようにすれば、自然にできる。

**応用** イラストはくだものだけでなく、自由に考えて楽しもう。

# マジックの秘密にせまれ

ここではマジックではない、マジッククイズを出題する。
友だちに、マジックのあい間にやってもいい。
だが、まずは自分で挑戦してみよう。
クイズを解くことで、
マジックの秘密にせまることができるのだ。

マジッククイズ①
## 棒はどうなった？

1　魚の間に棒がある。
　　エサとまちがえているようだ。

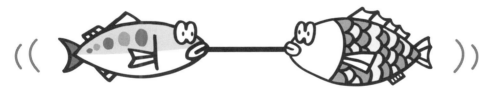

2　2匹がはなれた。さて、棒はどうなった（1の棒とのちがいは）？

答えは62ページ

# ミステリーなロープ

本格的なロープトリック。
長さのちがう2本のロープが、
1本につながってしまう！
ミステリー…。

| 難易度 | 難しい★★★ |
|---|---|
| テクニック | 練習が必要★★★ |
| 見せたい人数 | 大ぜい |

●●●●●**用意するもの**●●●●●
ロープ　2本（20cmと80cm〜1mくらい）

## 演技の達人

**1**「2本のロープはとってもなかがいいんです」
2本のロープを観客に見せる。

**タネあかし**

**2**「長さがちがうんですけど…」
ロープを左手で持ち、右手で短いロープのはしを上に持っていく。

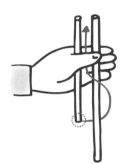

**3** 長いロープのはしを上に持っていく。

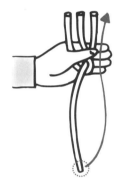

**4** 右側2本のロープを右手でにぎり持ち…

右手で持つ

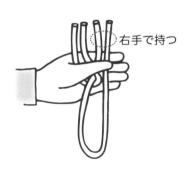

**ワザ** 上に持っていくロープの通り道に注意する。

**5**「よく見ていてください」
そのままよこに引っぱる。

ピーンとひっぱって!

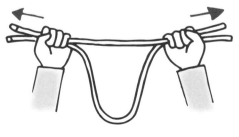

ミステリーなロープ

## 6 「同じ長さになりました～」

> **ワザ** 同じ長さになったように見えるだけなんだ。

## 7 「次に、こちらのロープで輪をつくります」

右手で1本のロープを持ち、手のひらを返して輪をつくる。

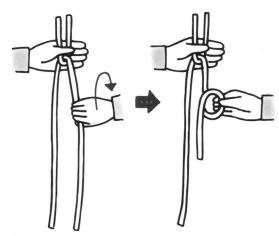

## 8 「ロープを輪に通して、しっかりしめます」

この輪の中に、上部の2つのはしを手前から通して、輪をしめていく。

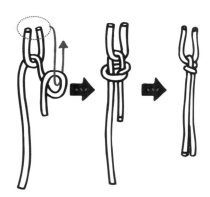

## 9 「2本を結びました」

図のように持つ。

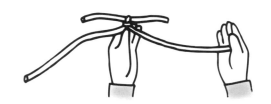

## 10 「よく見ていてください…」

右手で2つのロープのはしをにぎりかくすように持ち、

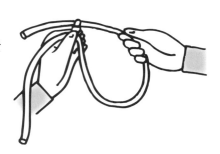

**11** 左手も同じように持つ。

**12** 「力を入れて、引っぱると…」
両手をよこに引く。

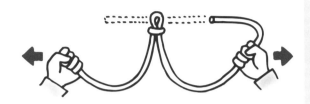

**13** 「2本のロープは、1本になってしまいました！」
1本につながったように見える。

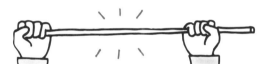

**ワザ** 右手の方を強くにぎるとよい。

**ワザ** まん中に結び目が残ったら、さらに強く引けば解けて消える。

**注意** ロープのはしは、ほつれないように木工ボンドで固めておこう。
本格的に見えるマジックだ。スムーズにできるよう練習が大切だ。

ミステリーなロープ

# のびる新聞ツリー

新聞紙1枚から、みるみるのびる
長〜いツリーができるんだ。
最後のポーズは、カッコよく決めよう！

| 難易度 | やさしい★ |
|---|---|
| テクニック | 即席★ |
| 見せたい人数 | 大ぜい |

●●●●●用意するもの●●●●●

新聞紙をよこに半分に切ったもの　2枚

# 演技の達人

**タネあかし**

**1** 「2枚に切った新聞紙があります」
2枚に切った新聞紙を見せる。

**2** 「丸めていきま～す」
新聞紙2枚を図のように丸める。

**ワザ** 2枚目の新聞紙を少し重ねて丸める。太さは、指が2～3本入るくらいをめやすにする。

**3** 「破（やぶ）りま～す」
つつの先を平（たい）らにして、たてに半分ほど破る。
つぶした面を広げて、またたてに破る。

**4** 「折りま～す」
4つにわかれた部分を根元から外側へ折る。

**5** 「さあ、ちゅうもく～」
つつに指を入れて少し引っぱり出したら、その先をつまんでさらに引き上げる。

**6** 「こんなに長くなりました！」
かっこよくポーズを決めよう。

**注意**
指で切れない時は、ハサミで少し切れ目を入れると破りやすくなる。ハサミの扱いには十分に気をつけよう。

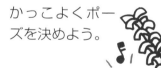

**応用** 根元をギュッとにぎりつぶせば、手をはなしてもツリーはほつれない。
そのまま壁に立て、新聞ツリーの完成！

のびる新聞ツリー

29

# 移動するわりばし

同じ数のわりばしの山。
一方の山に1本わりばしを加えるが、
加えたはずの山にわりばしはなく…
反対の山に移っていた。

| 難易度 | やさしい★ |
| --- | --- |
| テクニック | 少し必要★★ |
| 見せたい人数 | 2人〜 |

●●●●●用意するもの●●●●●
ふくろ入りのわりばし　10ぜん
ふうとう　2枚

# 演技の達人

### タネあかし

**1**「どなたかお2人、お手伝いをおねがいします」
観客に声をかけ、2人にふうとうを持ってもらう。わりばし10ぜんを、テーブルにおく。

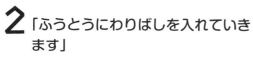

**2**「ふうとうにわりばしを入れていきます」
わりばしを1ぜんずつふくろから取り出し、2つにわって、左右のふうとうに1本ずつ入れていく。

**3**「今、1本ずつ同じように入れていったので、ふうとうには同じ数のわりばしが入っているはずですね」
9ぜん目を終えたところでとめる。

移動するわりばし

## 4 「それでは、最後は1本だけにして、片方のふうとうにだけ入れます」

最後（10ぜん目）のわりばしは2つにわった後、1本をふくろにもどし、もう1本を片方のふうとうAに入れる。

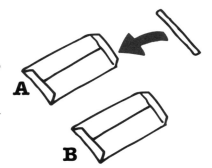

## 5 今の状態。

1本ずつわりばしの入った（10本）
ふうとうA

9ぜん分のからのふくろ

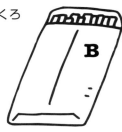

1本入りのふくろ

1本ずつわりばしの入った（9本）
ふうとうB

## 6 「い・ど・う・せ・よ…。い・ど・う・せ・よ…」

AからBのふうとうへ、1本移動するようなおまじないをかける。

移動するわりばし

### タネあかし

**7**「では、こちらのふうとうから、2本ずつわりばしを取り出してください」

観客にAのふうとうから2本ずつ取り出してもらい、それを受け取ってテーブルのからのふくろにおさめていく。Aのふうとうからすべて出し終えると、ぴったりふくろにおさまり、あまりの1本が出てこない。

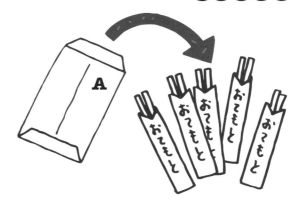

**ワザ** 観客は、あまった1本のわりばしが出てこないので「おや？」と感じる。

**8**「この通り、わりばしはこちらに移動しました！」

同じようにBのふうとうから2本ずつ取り出してもらい、からのふくろにおさめていく。すると、最後にあまりの1本が出てくる。

**9** 最後の1本を、テーブルの1本入りのふくろにおさめて終わる。

**注意**

観客に、はじめに何本のわりばしがあるのか意識させないようにする。ふくろにおさまらなかったあまりの1本に注目させるように演技しよう。

**ワザ** ここで観客は、あまった1本のわりばしが移動したようにさっかくする。

移動するわりばし

# すり抜けるせん抜き

ロープにせん抜きを通してあやとりをしてみる。
観客がせん抜きをさわったとたん、
せん抜きはロープをすり抜けてしまった！

| 難易度 | やや難しい★★ |
| --- | --- |
| テクニック | 少し必要★★ |
| 見せたい人数 | 大ぜい |

●●●●●用意するもの●●●●●
せん抜き
毛糸か細めのロープ（150cmくらい）を
結んで輪にしたもの

## 演技の達人

**1** 「ロープにしっかり、せん抜きが通っていますね」
せん抜きにロープを通し、あやとりの基本のかまえをつくる。

タネあかし

**2** 「あやとりをしてみましょう」
右手の中指で、左手にかけたロープを図のようにすくう。

**ワザ** ロープをすくう順番をおぼえよう。

**3** つぎに、左手の中指で〇印のところをすくう。

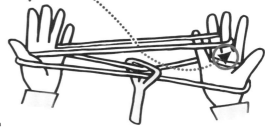

**4** 「では、せん抜きをにぎってくださ〜い」
せん抜きを観客に持ってもらう。

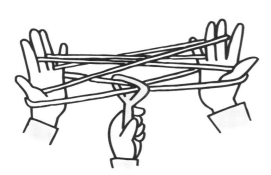

**5** 「せん抜きが抜け出てしまいました。なんでだろうね？」
右手の中指と左手の親指を残して他をはずすと同時に、左右に手を開く。せん抜きがロープからはずれる。

すっ抜けるせん抜き

**応用** せん抜きがない場合は、ハンカチを細くまき、はしを結んで輪にしたものなどでもできる。

35

秘密だよ…

# 魔法のストロー

何かをつかまえた！
そしてつかまえた何かを
放(ほう)り投(な)げるように開いてみると…。

| 難易度 | やさしい★ |
|---|---|
| テクニック | 即席★ |
| 見せたい人数 | 大ぜい |

●●●●●用意するもの●●●●●

ストロー　ハサミ

# 秘密のタネづくり

タネあかし

①ストローに、ハサミで図のような切れ目を入れる。

②図のように小さく丸めていく。

**注意** ストローがきれいに広がるために、ゆるめに丸めること。
できるだけ演技の直前に準備すること。

③かるくまげた中指でこれをかくし持つ。

演技の達人

**1**「あっ、あそこに何かが…」
空中の1点を見つめて、そこに（ストローをかくし持った）手をのばし、何かをつかむ演技をする。

**2**「エイ！ ストローが出てきました！」
手のひらを上に向けながら、丸まっているストローをかるく放り投げ、それを受け取る。ストローは空中で広がり、突然あらわれたように見えるのだ。

魔法のストロー

# 落ちないわりばし

わりばしを持つ親指をそーっとはなし、
手のひらを開く。でもわりばしは落ちない！
わりばしのふくろを引き抜くが、
わりばしは手についたまま…。

| 難易度 | やさしい★ |
| テクニック | 即席★ |
| 見せたい人数 | 大ぜい |

●●●●●用意するもの●●●●●
ふくろ入りのわりばし
つまようじ　ハサミ

# 秘密のタネづくり

①つまようじの先を折り（1.5cmくらい）、わりばしの間にはさみ、固定する。

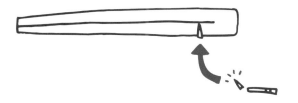

②ふくろの裏側に図のような切れ目を入れる。

③わりばしをふくろにおさめる。

**ワザ** つまようじの出ているところが、切れ目から出るようにわりばしを入れる。

# 演技の達人

## タネあかし

### 1 「わりばしがあります」
図のように持ち、観客に見せる。

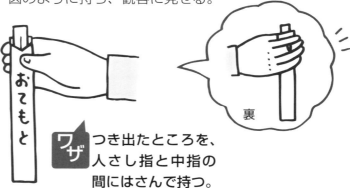

**ワザ** つき出たところを、人さし指と中指の間にはさんで持つ。

### 2 「でもこのわりばしは、私の手からはなれないんです」
手のひらを開いても落ちない。

**応用** 練習すれば、つき出たつまようじをひそかに抜き取れる。そうなれば、最後にわりばしを観客にわたして調べてもらうこともできるぞ。

### 3 「ふくろをとってみますね。やっぱりわりばしは落ちないんです！」
ふくろを引き抜いても落ちない。

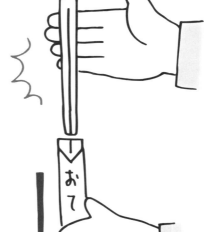

落ちないわりばし

40

# マジックの秘密にせまれ

ここではマジックではない、マジッククイズを出題する。
君なら、きっとできるはずだ。友だちとそうだんしてもいい。
だが、まずは自分で挑戦してみよう。
クイズを解くことで、マジックの秘密にせまることができるのだ。

マジッククイズ②
## 顔はどこに？

電車の中、顔のとれたロボットが…。
5円玉を2枚使って、ロボットの顔を見つけよう！

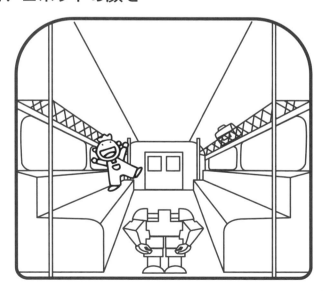

答えは62ページ

秘密だよ…

# ウサギのダンス

新聞紙を小さく小さく折って、
ハサミで切ってみよう。
広げてみれば、つながったウサギだ！
左右にゆらせばウサギがダンスを始めるよ。

| 難易度 | やさしい★ |
| --- | --- |
| テクニック | 即席★ |
| 見せたい人数 | 大ぜい |

●●●●●用意するもの●●●●●
新聞紙をよこに切ったもの（3分の1くらい）
ハサミ

## 演技の達人

**タネあかし**

**1**「よこ長の新聞紙がありますね。これをたたみます」
全体を見せて、右手ははなさず固定したまま、よこにたたんでいく。

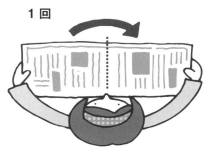

**2**「たたんで、たたんで、たたんで、ハサミで切りま〜す」
4回たたんだら、図のように半分のウサギの形に切り落とす。

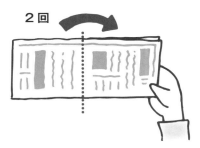

**ワザ** 形がうまく切れない時は、あらかじめ切り取り線を書いておこう。

**3**「ウサギといったら、やっぱりダンスかな…」
最後にウサギの手のところを持って左右に広げる。

**ワザ** 全体をゆらせば、ウサギがおどっているように見える。

**応用** 切り取る形はウサギ以外にクリスマスツリー、人間など、いろいろ挑戦してみよう。

ウサギのダンス

# きらきら星

**秘密だよ…**

1枚の紙を小さくたたんで、ハサミで切ると、あっという間に4連の星が出てくる。
さらにビックリ、8連の星にふえるのだ！

| 難易度 | やさしい★ |
| --- | --- |
| テクニック | 少し必要★★ |
| 見せたい人数 | 大ぜい |

●●●●●用意するもの●●●●●
コピー用紙　両面テープ
ハサミ

# 秘密のタネづくり

**タネあかし**

①紙をよこ半分に折り目をつけて、図の位置に両面テープをはっておく。

 **注意** 両面テープをはる位置をまちがえてしまうと、星が出てこない。

演技の達人

## 1「1枚のこの紙を2つ折りにします」
紙全体を見せた後、2つに折る。右はしは両面テープでくっつくはずだ。

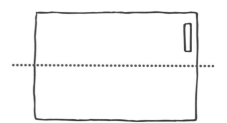

## 2「もう1回たたみます」
まん中で図のように折る。

1回

## 3「もう少し、小さく小さくたたんでいきます」

2回

3回

## 4 同じように2回、3回と折ったら、ハサミを取り出す。

きらきら星

45

# タネあかし

## 5 「切ってみま〜す」
図のように切りはなす。

## 6 「広げてみますよ…」
図の○印のところを左右の手で持って、よこに広げると…

4枚あるうちの手前の2枚をいっしょに（右手で持つ）

両面テープではられた部分（左手で持つ）

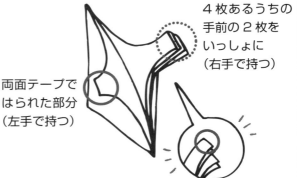

## 7 「お星さまが4つ出てきました」

## 8 もう1度両手を近づけ、右手で持っている2枚のうち1枚を左手にわたし、それらを持ってよこに広げると…

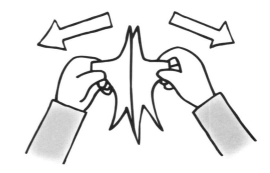

## 9 「もっと星が出てきました！」
星の数が、いっきに倍にふえる。

きらきら星

# マジックの秘密にせまれ

ここではマジックではない、マジッククイズを出題する。
だれかに、助けてもらおうか？
いや、まずは自分で挑戦してみよう。がんばれもう少し！
クイズを解くことで、マジックの秘密にせまることができるのだ。

### マジッククイズ③
## ありえない柱

上を見ると2本、下を見ると3本の柱。
これをマジックふうに演じると、じょじょに柱は変化していく。
さてその方法は？

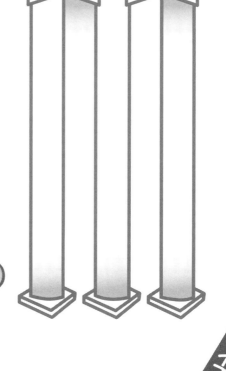

答えは63ページ

# 瞬間！ロープの入れかわり

赤いロープを指にかけ、
白のロープをその下にかける。
合図と同時に、指には白のロープがかかり、
赤のロープと入れかわる。

| 難易度 | やや難しい★ |
|---|---|
| テクニック | 少し必要★ |
| 見せたい人数 | 10人くらい |

•••••用意するもの•••••
色ちがいのロープ（1mくらい）　各1本

# 演技の達人

## タネあかし

### 1「ロープを結んで輪にします」
赤と白、それぞれのロープを結んで輪にする。

### 2「赤のロープに白のロープをかけます」
親指に赤ロープをかけ、人さし指と親指でOKマークをつくる。赤ロープを2つ折りにして白ロープをつるす。赤ロープが上にあることをよく示す。

### 3「イチ、ニー、サン！」
「イチ、ニー」のかけ声に合わせて白いロープを上から下になでるような動きをする。そして「サン」の時、白いロープではなく赤いロープのどこか1ヵ所を下に引っぱる。

**ワザ** 赤いロープの結び目を持って引っぱると、引っかからずにスムーズだ。

### 4「ロープがあっという間に、入れかわってしまいました」
ロープは、自動的に入れかわる。

### 5「もう1回やってみますよ」
もう1度くり返せば、また入れかわる。

瞬間！ロープのいれかわり

**秘密だよ…**

# ジャケットがにげた！

洗濯物をほすように、ジャケットの両そでにロープを通す。気合いを入れて、ロープを引けば、アッという間にジャケットがロープからすり抜ける！

| 難易度 | 難しい★★★ |
| テクニック | 練習が必要★★★ |
| 見せたい人数 | 大ぜい |

●●●●●用意するもの●●●●●

やわらかいロープ（2mくらいのもの）　2本
手品用の棒
（長さ30cm。ボール紙を細くまいてつくる）
ジャケット

# 演技の達人

タネあかし

### 1 「棒にロープをかけます」
棒に2本のロープが交わらないようにロープをかける。

**ワザ** 2本のロープの間に中指をわりこませておく。

### 2 「ロープを1回結びます」
中指でわけた左右のちがうロープどうしを1回結ぶ。

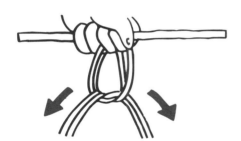

### 3 「どなたかお2人、アシスタントをしていただけませんか?」
観客2人にロープのはしを持ってもらい、片方ずつジャケットのそでにロープを通す。

ジャケットがぬげた!

### タネあかし

**4**「お2人が持っている2本のロープのうち、どちらか1本を私にください」
アシスタントが持っている2本のロープのうち、どちらか1本ずつをわたしてもらい（どちらでもよい）、中央で1回結ぶ。結び目をしめると、ジャケットがしめられ中央による。結び終わったはしをそれぞれのアシスタントにもどす。

**ワザ** この時、最初に持っていたはしが入れかわっている。

**5**「棒を抜き取ります」
中央の結び目をにぎったまま、棒を抜き取る。

**6**「イチ、ニー、サンの合図でロープを引っぱってください。…イチ、ニー、サン！…はい、この通り！」
ジャケットを持ち、号令とともにアシスタントにロープを引っぱってもらう。同時に結び目は、はなす。すると、2本のロープがピンとのばされ、ジャケットがロープからすり抜ける。

ジャケットがにげた！

52

# マジックの秘密にせまれ

ここではマジックではない、
マジッククイズを出題する。
いがいとかんたん？
それなら自分で挑戦してみよう。
さぁ、もうひといきさ！
クイズを解くことで、マジックの
秘密にせまることができるのだ。

マジッククイズ④
## 2つのテーブル

3人家族がテーブルを買いにきた。
「どっちにしよう？」
・・・大きい方をえらぼうとして
悩んでいるようだ。
さあ、君ならどっち？

答えは63ページ

マジッククイズ④

# 力持ちなトランプ

トランプをテーブルに立て、
その上にコップをのせる。
両手をはなしてもトランプはたおれない。
なんて力持ちなトランプだ！

| 難易度 | やさしい★ |
|---|---|
| テクニック | 即席★ |
| 見せたい人数 | 10人くらい |

●●●●●用意するもの●●●●●

トランプ　2枚　　カッターナイフ
　　両面テープ　　コップ

# 秘密のタネづくり

**タネあかし**

① 1枚のトランプにカッターナイフでかるく切りこみを入れ、折り目をつける。

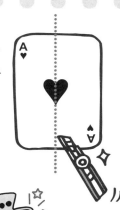

② ①のトランプの片側だけに両面テープをはり、もう1枚のトランプの裏にぴったり合わせてはりつける。

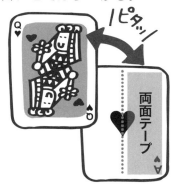

## 演技の達人

**1**「ふつうのトランプですね」
なにげなくトランプの裏表をあらためる。

**2**「このトランプの上に、コップをのせます」
テーブルの上に立てたトランプに、コップをのせようとする。

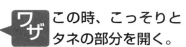

**ワザ** この時、こっそりとタネの部分を開く。

**3**「このトランプは、本当に力持ちですよね！」
バランスをとり、両手をはなす。

力持ちなトランプ

**4** 1と逆の動作をおこなって、もとにもどす。

# おいしい新聞

新聞紙をたたんでかたむけると、せんべいが
何枚も何枚も出てくる、あやしい新聞紙？
いえいえ、うれしい新聞紙。
さあ、みんなでせんべい食べちゃおう！

●●●●●用意するもの●●●●●

新聞紙
個別包装(ほうそう)されたせんべい　7～8枚
黒い糸とそれを切るハサミ
底がはば広い紙ぶくろ
おぼん　セロハンテープ

| 難易度 | やさしい★ |
| --- | --- |
| テクニック | 少し必要★★ |
| 見せたい人数 | 10人くらい |

# 秘密のタネづくり

①糸の両はしにセロハンテープをつけて、せんべいのふくろの角と新聞紙にはる。

②ふくろにあらかじめ残りのせんべいを入れておく。

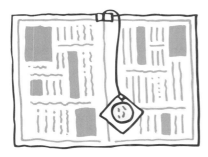

 **注意** ぶら下がったせんべいのはしが、新聞紙の下からはみ出ないように、糸の長さを調整しよう。

こんな新聞があったらいいね！

おいしい新聞

# 演技の達人

## 1「ここに新聞紙があります」
新聞紙を広げて見せる。観客からせんべいは見えない。

## 2「では、これをたたみます。あっ、せんべいが出てきました！」
図のように新聞紙をたたんで、かたむけるとせんべいが出てくる。
せんべいは、紙ぶくろにおとす。

## 3「もちろん、裏も表も何もありません」
糸をとめてある側を観客に向けるように、新聞紙を開く。

## 4「もちろん、何もありません」
紙ぶくろの上で図のように開き、何もないことを見せる。そのままおじぎをするように新聞紙をたおして…

## 5 新聞紙を上に持ち上げる。

おいしい新聞

### タネあかし

**6** するとせんべいが、また新聞紙の後ろにかくれて持ち上がる。（1と同じ状態）

**7**「このとおり、本物のせんべいです」
ここで片手で紙ぶくろから、しこんでおいたせんべいを1枚取り出す。それを見せてまた紙ぶくろにもどす。

**8**「つぎからつぎにせんべいが出てきますね」
ふたたび1からくり返し、これを3～4回おこなう。

**9**「おせんべい、食べますか～」
最後は紙ぶくろのすべてのせんべいをおぼんにあけて、観客に見せたり、くばってもいいだろう。

**ワザ** 紙ぶくろに入れたせんべいは、何度でも新聞紙の中にもどってくる。だから、たくさん出てきたように見えるんだ。

**ワザ** 演じることも、楽しむことも大切だ。

おいしい新聞

# 気持ちを伝えるふうとう

なかなか伝えたくても言えない
気持ちをマジックで伝えてみる。
「こんにちは○○です」
「どうぞよろしく」「おめでとう」など、
これをおぼえれば
どこでも自分の考えたメッセージが
出せるのだ！

| 難易度 | やさしい★ |
| --- | --- |
| テクニック | 少し必要★★ |
| 見せたい人数 | 大ぜい |

●●●●●**用意するもの**●●●●●
ふうとう　2枚
白紙　2枚
メッセージを書くためのペン
両面テープかのり

# 秘密のタネづくり

**タネあかし**

① 2枚のうち、1枚の白紙に伝えたいメッセージを書き入れる。2枚とも同じように、ふうとうに入るように折りたたむ。

② ふうとうの表面どうしをはり合わせる（斜線部分がのりしろ）。

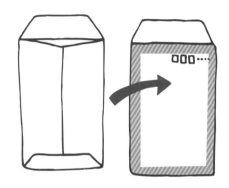

**ワザ** 観客には裏面しか見えない2重ふうとう。

③ Aの側に白紙を、Bの側にメッセージの紙を入れておく。

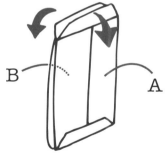

フラップはそれぞれとじ、Aの側を観客に向けて演技を始める。

気持ちを伝えるマジック

# 演技の達人

### タネあかし

**1** 「ふうとうのフラップを開きます」
Aのフラップをbの側まで開く。ふうとうを左手でにぎり、Aの口がよこに開くように持つ。

**2** 「中を見てみましょう。紙が入っています。何も書いてありませんね。では、もどしておきましょう」

ふうとうから紙を取り出して広げ、何も書いていないことを観客に見せる。この白紙をもとにもどし、Aのフラップをとじる。

**3** フラップのところを右手で持ち、それを開いた左手の上に乗せて観客に示す。（Aの側）

**ワザ** 親指が下（Bの側）になるようにふうとうを持つ。

**4** 「バン！」
そのまま右手のふうとうを高く持ち上げ、ふうとうを反転させる。そして左手に打ちつける。

**ワザ** 高く持ち上げた時に手首を右に半分ひねり、親指が上になるようにする。

**5** 「おや、何か書いてありますよ。メッセージがあらわれました」
後は、1、2と同じ動きで、Bの側の紙を取り出す。メッセージを見せる。

**注意** ふうとうを持つ手を高く上げる大きな動きや、ふり下ろし、たたきつけた時に出る適度な音も、ふうとうの動きを目立たなくしてくれる。

気持ちを伝えるふうとう

# お金持ちになるふうとう

ふうとうに紙を入れる。
フラップをとじ、おまじないをかけると…
なんとお札に変わっているぞ！

| 難易度 | やや難しい★★ |
|---|---|
| テクニック | 少し必要★★ |
| 見せたい人数 | 大ぜい |

●●●●●用意するもの●●●●●

洋型ふうとう　10枚くらい
輪ゴム　お札サイズに切った紙
本物のお札　カッターナイフ

# 秘密のタネづくり

**タネあかし**

① 1枚のふうとうAのフラップを切り取る。残りのふうとうは重ね、1番手前のふうとうBにお札を入れる。そして、ふうとうAを重ねる。

② よこに輪ゴムをかけて全体をまとめる。お札の入ったふうとうBのフラップを、1番手前のふうとうAにかぶせるように折っておく。

完成♪

## 演技の達人

**1**「よく見ていてね」
ふうとうのたばを図のように持ち、フラップをめくりあげる。

**2**「ふうとうに、紙を入れます」
お札サイズの紙を取り出して観客によく見せ、ふうとうAに入れる。

お金持ちになるふうとう

64

### タネあかし

**3**「中のふうとうを取り出します」
フラップを立てたまま、ふうとう全体をよこにひっくり返し、反対側を向ける。
右手でBのフラップを持って引き上げ、たばからふうとうBを抜き取る。

**4**「ここで、おまじないをかけま～す」
残ったふうとうのたばはすぐに、手前の面をふせてテーブルにおく。引き抜いたふうとうのフラップをとじて、おまじないをかける。

**ワザ** 観客は手前にあったふうとうAを抜いたと思うはずだ。だが、実際にはお札をしこんだ2枚目のふうとうにすりかえられている。

**5**「ふうとうの中を見てください。なんとただの紙からお札に変わっています！」

このふうとうごと観客にわたしてもかまわない。ふうとうからお札を取り出して、紙がお札に変わったことを見せる。

お金持ちになれるよ～！

### クイズの解答

①棒はどうなった？（19ページ）
【答え】
**かわらない。**
さっかくで上の棒が長く見えるが、実際には同じ長さ。
定規(じょうぎ)ではかってみよう。

【マジック的な秘密】
「魚がエサとまちがえた」という話が、「棒を少し食べたかも？」という意識を持たせている。
これがさっかくをより強めている。
マジックはタネだけでなく、セリフも大切なのだ。

②顔はどこに？（37ページ）
【答え】
**絵全体がロボットの顔になる。**
5円玉2枚を目の位置におき、はなれて見る。

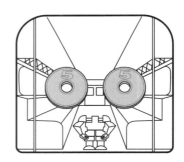

【マジック的な秘密】
探(さが)そうとすると細かい(こま)ところを見てしまうが、
見方をかえると、見えない物が見えてくる。
マジックも発想の転換(てんかん)が必要なのだ。

## クイズの解答

### ③ありえない柱（43ページ）
【答え】
人さし指をのばし、柱のはし（上下どちらか）をまとめてかくす。ゆっくりと反対のはしにむかって動かすと、変化していくように見える。はしまで行ったら、もとにもどす。好きなだけくり返そう。

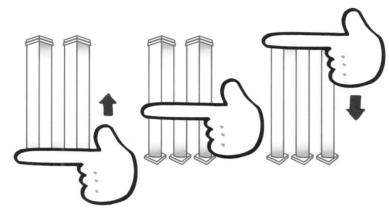

【マジック的な秘密】
これはマジックとしても見せられる。
ゆっくりと動かすことがポイントだ。自分でもおどろくほどさっかくする。頭で考えるだけでなく、実際にやってみないと新しい発見ができないのもマジックの特徴なのだ。

### ④2つのテーブル（49ページ）
【答え】
**どちらでもよい。**
目のさっかくで、2つのテーブルの大きさはちがうように見えるが、まったく同じ。定規を当ててたしかめよう。

【マジック的な秘密】
もともと強い図形のさっかくだが、「『3人家族』にヒントがあるのでは？」と、勝手に思いこんでしまう。自然とまちがった方に考えさせるワザこそ、マジックのかくされた秘密なのだ。

## PART 2
# 休み時間・自由時間編

休み時間や友だちと部屋で遊んでいる時、
ササッとマジックいかがですか？
また、最初に覚えるなら
どんな種類のマジックがよいものなのか…？
それは、ここでしょう。
マジックというと、何かしら道具が必要です。
ここでは派手な道具や学校内でふさわしくない物はさ
けて、文具やハンカチといった身の回りの物を使います。
(道具さえ必要ない、ボディマジックもありますよ！)
手軽にできて、道具に怪しさがないので
不思議を感じやすく、マジックの理想といえるのです。
ここに紹介するトリックは、休み時間にはもちろん、
あらゆる場面でのレパートリーとしてもオススメです。
さあ、大人気を勝ちとるには、すべてここから！

# 輪ゴムのテレポート

秘密だよ…

人さし指と中指に輪ゴムをかける…。が、
アッという間に輪ゴムは移動してしまった！
指の間をとじても…、やっぱり
輪ゴムは移動してしまう！

| 難易度 | やや難しい★★ |
|---|---|
| テクニック | 少し必要★★ |
| 見せたい人数 | 2人～ |

●●●●●用意するもの●●●●●

輪ゴム　2個

## 演技の達人

### タネあかし

**1**「輪ゴムを人さし指と中指にかけま～す」
手のひらを相手に見せながら、手前（手の甲側）の輪ゴムを引っぱり、はじくようにする。

**2**「こちら側でも、引っぱってみま～す」
続けて手を反転（はんてん）させ、手のひら側の輪ゴムを手前に引く。

**3**「またはじきま～す」
4本の指をにぎりこみ、輪ゴムをはじくようにはなす。

**ワザ** 輪ゴムは、にぎりこんだ4本の指にかかっている。

みんなびっくりするよ

輪ゴムのレポート

### タネあかし

**4**「エイ！ 輪ゴムはとなりの指に移動しました！」
「エイ！ 輪ゴムは、元の指にもどってきました～！」
指をすばやく開くと、輪ゴムは小指側に移動する。この後、3と同じようにおこなえば輪ゴムは元の位置にもどる。

**5**「それでは、指の間をふさぐように別の輪ゴムをかけてみます」
「ハイ！ やっぱり、輪ゴムは移動しちゃいましたね！」
最後に、指先を輪ゴムで図のようにとめる。この状態でも同じように移動する。

 **注意** 指先を別の輪ゴムでとじても、輪ゴムは移動するからビックリだ。
指をにぎりこみ、輪ゴムを4本の指にかけるタイミングをおぼえよう。

輪ゴムのテレポート

# 秘密だよ… 安全ピンが…？

ハンカチに安全ピンをとめたのに…。
でも、安全ピンはスルリと抜けてしまう！
どうなっているのかな？

| 難易度 | やさしい★ |
| テクニック | やや必要★★ |
| 見せたい人数 | 2人〜 |

●●●●●用意するもの●●●●●

安全ピン　ハンカチ（もめん）

## 演技の達人

**タネあかし**

**1**「安全ピンをハンカチにとめます」
２つ折りしたハンカチに安全ピンをとめる。

**2**「安全ピンにハンカチを巻きつけま～す」
ハンカチをぴんとはらせたまま、安全ピンを右に回転させていく（3～4回）。

張りを保つ

**ワザ** ハンカチにゆるみができないように気をつけよう。

**3**「ハンカチをおさえると…」
左手でハンカチの上から全体を強くおさえる（親指は安全ピンの頭のすぐ近くをおさえる）。

**4**「抜けてしまいます！」
右手で安全ピンを持ち、手前に引っぱる。安全ピンはスルリと抜けるが、ハンカチはやぶれない。

安全ピンが…？

### 応用
安全ピンのおしり部分にリボンを結びつけ、相手にそれを引っぱってもらう。これでも安全ピンは同じように外れる。これはかなり不思議だぞ！

# そろいでる数字

相手に計算機をわたし、
「×」「マジシャンの言う謎の数字」「＝」を
おしてもらうと…、
なんと、その相手の思った数字が
画面いっぱいにあらわれるぞ！

| 難易度 | やや難しい★★ |
| --- | --- |
| テクニック | 少し必要★★ |
| 見せたい人数 | 5人〜 |

●●●●●用意するもの●●●●●

電子計算機

# 演技の達人

## タネあかし

**1**「これは、ふつ〜のデンタクです！」
はじめに、計算機に数字の12345679（8はのぞく）と打ち、相手にわたす。

8はのぞく！

**2**「あなたの好きな1から9までの数字を言ってください」
相手に1ケタの数を言ってもらい、頭の中でその数字に9をかける（暗算する）。

**ワザ** 頭の中で9をかけた数字が「謎の数字」になる。

**3**「○ですね。では、×（かける）、○○（謎の数字）、＝（ワ）をおしてみてください…」
この順に計算機をつかえば、自動的に相手の言った数字が9ケタとなってあらわれる。

【例】相手が3と言ったら、3×9＝27（謎の数字）だから…、「×」→「27」→「＝」の順におせば、画面に「333333333」とあらわれる。

相手が5と言ったら45（5×9）を、相手が9と言ったら81（9×9）をかければよいのだ。

**4**「どうですか、あなたの言った数字がたくさん出てきました！」

×27=とおして！

## 応用 ミスターＸ（エックス）のマジック

そのまま演じてもよいが、次のような演出をつけるとさらに楽しくなるぞ！

**1**「ミスターＸのマジックを見てみたいかな？」

（相手）「見たーい！」

**2**「それではミスターＸに電話をしてみよう。この人は秘密の開発をしている。なかなか会えないんだが、この計算機で特別に連絡ができるんだ」

電話番号をおすように、「１２３４５６７９」とおしていく（８はのぞく）。

**3**（電話のふり）「もしもし、ミスターＸ？こんにちは。みんなに例のマジックを見せてもらいたいのですが…」
「はい…１ケタの好きな数字を言ってもらうのですね！　わかりました」
「それでは聞いてみます」

**4**「好きな数字を言ってみて」
（相手）「７」

**タネあかし**

**5**「もしもし、7だそうです…。ハイ、それでは『63』をこの計算機にかけてみればいいんですね」

**6**「それでは『×』、『63』、『=』とゆっくりおしてみて…」

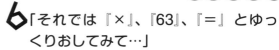

**7**「わぁーすごーい、7がいっぱい出てきました！」

**8**（電話のふり）「ミスターXさん、大成功です！ ありがとうございました！」

# ちぢむペン

しかけのないふつうのペン。マジシャンは、これを目の前で短くすると宣言した！マジシャンがペンを手にとると…アレレ、本当に短いぞ〜！

| 難易度 | やさしい★ |
| --- | --- |
| テクニック | やや必要★★ |
| 見せたい人数 | 2人〜 |

●●●●●用意するもの●●●●●

サインペン

## 演技の達人

**タネあかし**

**1**「ペンを見てください。このペンは、見つめられると…」
図のように持ち、反対の手にわたす。

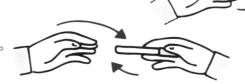

**2**「短くなります!」
すぐに反対の手にわたす。

**3**「ほら～!」
この動きをだんだん早くリズミカルに動かし続けると、目のさっかくでちぢんだように見える。動きをとめると元にもどる。

[ 相手側から見た図 ]

はじめはゆっくりと、だんだんと早く動かしていこう。
けがをしないよう先のとがった物はさけ、ペンはかならずキャップつきのものを使おう。
短めの定規などでもできるぞ!

・・・・・・・・・・・・・・・・・・・・・

### 応用
### ジョーク的マジック

演じる場面を考え、きんちょうをほぐすマジックもおもしろい!
①ストローとハサミを用意する。ストローを長・中・短の3つの長さに切る。
②長いストローを持ち「中くらいの長さのストローと同じにします」と言い、演技の達人1～3の方法で短く見せる。
③中くらいの長さのストローを持ち「短いストローと同じ長さにします」と言い、同じようにおこなう。
④最後に「この3つを1本にもどしましょうか?」と聞く。相手はかなり高度なマジックを期待するだろう。
⑤そこで、ストローの片側の先をつぶして(丸いはしを、くの字に曲げ)、それぞれのストローに少しおしこむ。
こうして堂々と3つを連結させ「はい、1本になりました」と言い、おしまいにする。

おまちがっプ

# マジックの秘密にせまれ

体だけを使った、楽しい「ボディマジック」。
道具を使わないので、おぼえてしまえば、
いつでも、どこでもカンタンにできるぞ！
**ひじのあたりを「ポン」とたたくと、
うでがのびてしまう…。
でも心配ない、すぐ元にもどるさ！**

ボディマジック
## 1 のびーるうで

## 秘密だよ… 曲(ま)がるペン

気持ちを集中(しゅうちゅう)させると…
ペンがグニャリと曲がってしまった！
と思ったら、また元どおり。
超能力者に!?

| 難易度 | やさしい★ |
|---|---|
| テクニック | 即席★ |
| 見せたい人数 | 2人〜 |

●●●●●用意するもの●●●●●

サインペン

# 演技の達人

## タネあかし

**1**「これは、ふつうのペンですね」
ペンを見せる。調べてもらってもよい。

**2**「集中します」
図のように持ち、ペンの先をテーブルにつける。

[ 裏から見た図 ]

**ワザ** 左手でペンをにぎるときは、小指だけでしっかりとにぎるとよい。

**3**「エイ！…はい、このとおり！」
そのまま両手はかたむけず、真下に下げる。ペンは小指で支えられながらもかたむく。ふたたびペンを元にもどしておしまいにする。

 **注意** 両手を下げるとき、ペンといっしょに手の甲が、かたむかないようにしよう。スプーンでもできるぞ！

 **ワザ** ペンの先端のかたむきが、相手からはグニャリと曲がったように見えるんだ。

ペンが曲がる！

83

# コインはどこ？

ハンカチに包んだコインが消えてしまった！
落としてしまったんだろうか…。
アッ、ちゃんと出てきた！

| 難易度 | やさしい★ |
| --- | --- |
| テクニック | 少し必要★★ |
| 見せたい人数 | 5人～ |

●●●●●用意するもの●●●●●

コイン（または算数用のおはじき）
ハンカチ

# 演技の達人

**タネあかし**

**1** 「1枚のコインがあります。ハンカチに包みま〜す」
図のようにコインを包んでいく。

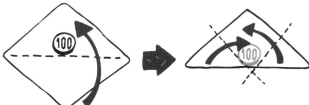

**2** 「イチ、ニィ、サン！ あれ、コインはどこでしょう？」
ハンカチのはしを持ち、一気によこに引っぱりながら持ち上げる。コインは自然にハンカチの中央にできたひだの中に引っかかり、落ちてこない。

**ワザ** マジシャンの目線は上の方を見て、空中でコインが消えたような演技を心がけよう。

**3** 「落としてしまったんでしょうか…」
きょろきょろしながら、ハンカチの右のはしを左にわたす。

キョロキョロ…

演技力しだいだよ！

コインはどこ？

## タネあかし

**4**「アッ、この辺にありそうです！」
空中を見つめ、コインをつかみ取る演技をする。

**5**「今、コインがハンカチの中に飛びこんだのが見えましたか？」
コインを上にほうり投げるふりをする。
コインがハンカチの中に飛びこむかのように、空中の見えないコインのゆくえを目でおっていく。
目線がハンカチにいったら、左手の中指でハンカチをはじき、ゆらす。
コインがハンカチの中に飛びこんだように見せる。

**6**「はい、このとおり。コインは出てきました！」
片方のはしをはなして、コインをテーブルに落とす。

ワザ マジシャンになりきって、演技力をみがこう！

### 応用
### コインを取り出す別の方法
2でコインを消した後、ハンカチをかたむけて、ひそかにコインをすべらせ、手の中ににぎりかくしてしまう。
その手をポケットに入れ、にぎったコインをポケットから取り出したように見せてもよい。

# コインのさんぽ

コインにハンカチをかぶせ、グルグル巻く。
コインはハンカチの中にあるはずなのに、
ハンカチから抜け出てしまう…。

| 難易度 | やや難しい★★ |
|---|---|
| テクニック | 少し必要★★ |
| 見せたい人数 | 5人〜 |

●●●●●用意するもの●●●●●

コイン（または算数用のおはじき）
ハンカチ

## 演技の達人

**タネあかし**

**1**「コインがありますね。これにハンカチをかぶせます」
右手のコインに、左手でハンカチをかぶせる。

**2**「コインは、ハンカチの中ですね」
左手でハンカチごしにコインをつかむ。

**3**「よく、見ていてくださいね」
右手は手首を曲げてコインを下に抜き取る（左手はハンカチのみをつかんでおく）。
右手のコインは、ハンカチの手前をとおって、左の親指あたりにむかう。

**4** コインを左手の親指にわたす（ハンカチとの間にさしこむ）。

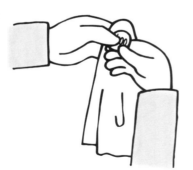

**ワザ** ここはすばやい動きが大切だ。相手からコインが見えてもいけない。

コインのさんぽ

## タネあかし

**5**「コインは、ハンカチの中にとじこめて…」
右手でハンカチをひねりながら2～3回巻いていく。

**6**「音がしますね。聞こえますか？」
左手をはなし、右手で図のように持つ。テーブルなどかたい物にコツコツと軽くぶつけて音をたてるとよい。

**7**「コインは、さんぽ中？ どこどこどこ…アッ、帰ってきました。もちろんハンカチにしかけはありません」
おまじないの後、左手でコインを取り出す。最後にハンカチを広げて穴のあいていないことをしめそう。

 **注意** コインが抜け出てくる所は、じわりと見せよう。ハンカチは相手からかりた物でできれば、より効果的だ。

コインのさんぽ

89

# マジックの秘密にせまれ

体だけを使った、楽しい「ボディマジック」。
道具を使わないので、おぼえてしまえば、
いつでも、どこでもカンタンにできるぞ！
**両方のひざがリズミカルに入れかわる。**
**動きのおもしろさに、みんな大喜び。**
さあ、はじめよう！

## ボディマジック 2 ひざのチェンジ

# 1

足を曲げて、少しひざを開いて、両手はそれぞれのひざにつけて…。

ひざが、入れかわったのわかるかな？

# 2

# 3

ひざをとじて、ぶつかったらすぐに開く。両手は当てているひざを入れかえるよ。つまり、右ひざに当てていた右手は左ひざに。左ひざに当てていた左手は右ひざにするんだよ。

**ワザ** 両手の動きが交差するので、ひざが入れかわったようにさっかくするんだ。

もう1度ひざをとじ、ぶつかった時点で両手は当てているひざを入れかえる。

**ワザ** 同じリズムで、交差は5〜6回続けられるといいね。

# 2分の1の確率

相手に4枚のコインのうち、1枚をかくしてもらう。
マジシャンは、そのコインが裏か表かを
言い当ててしまうのだ！

| 難易度 | やや難しい★★ |
| テクニック | 練習が必要★★★ |
| 見せたい人数 | 5人〜 |

●●●●●用意するもの●●●●●

コイン4枚
（あるいはペットボトルのキャップ4こ）

## 演技の達人

### タネあかし

**1**「コインがありますね。みんな表面を向いています。1枚ずつ10回だけひっくり返してください。同じコインを何回ひっくり返してもかまいません。後ろを向いていますのでどうぞ」
（相手）「1回、2回、3回…10回。はい終わりました」
「それでは1つのコインをえらんで、見えないように手でふせてください」
（相手）「これにしよう」

コインを4枚、表向きにならべる。マジシャンが後ろを向いている間、相手に自由に10回ひっくり返してもらう。
そして1枚をえらんで手でおおいかくしてもらう。

**2**「しっかりかくれていますね。そのコインは表か裏かを当てますね」

ここでマジシャンは前を向いて、ひそかに表向きのコインを数える。
●表向きのコインの枚数が奇数の場合→かくされているコインは表。
●表向きのコインの枚数が偶数の場合→かくされているコインは裏。

2分の1の確率

**3**「どれどれ、うーん…わかりました！ 手にかくれているコインは表です！」
図の場合、表向きのコインは1枚で奇数なので、かくされたコインは表ということになる。

93

## 応用
# コインの枚数やひっくり返す数をかえる

コインの枚数やひっくり返す数をかえると、このとおりにはいかなくなる。その場合は、
「最初の（表向きの）コインの枚数」＋「ひっくり返す回数」＋「最後の表向きの数」⇒合計
になる。つまり上の式の合計が奇数なら表、偶数なら裏になるんだ。
この秘密をおぼえられれば、演技がふくらむぞ。

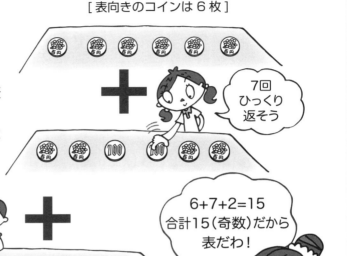

# 同じマジックを効果的にくり返す

①最初に演技の達人のやり方（10回）をおこなう。
②次にひっくり返す回数を相手に決めさせておこなう。
③最後は個数も、回数も、さらに最初の裏表の並びもごちゃまぜにしてからおこなうとおもしろい。
　同じマジックでも、このような演じ方はすばらしく効果的だ。
　ただ、まちがえたり、演技がたどたどしくなるのであればやめておこう。

2分の1の確率

# ちぎれないストロー

2本のからまったストローを
強引(ごういん)に引っぱると、どうなるだろう？
ストローはちぎれる、それともちぎれない？

| 難易度 | やさしい★ |
|---|---|
| テクニック | 少し必要★★ |
| 見せたい人数 | 3人〜 |

●●●●●用意するもの●●●●●

ストロー　2本

95

## 演技の達人

### タネあかし

**1** 「ストローが2本ありますね。これをぐるぐるからめて…」
2本のストローを図のように重ね、よこ向きのストローをひと巻きする。

**2** 「もっと巻きます」
たてのストローもひと巻きする。

**3** 「むこう側にたおします」
さらにむこう側にたおすように折る。

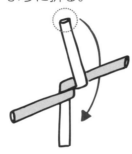

**4** よこのストローをひとまとめにして、

**5** 「引っぱりま〜す」
図のように持って、左右に引っぱると…

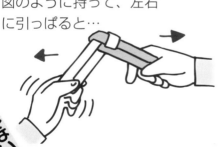

**6** 「ストローは、はずれました。でも切れていません、大成功！」
音とともにはずれる。最後に両方のストローが切れていないことを見せよう。

**注意** これを見せると相手は自分でもやりたがる。相手にやらせても、できたりできなかったりするので、かなりもり上がるぞ。ただし、自分だけはかならずマスターしてから演じることだ。

ちぎれないストロー

# じまんのわりばし

新品のわりばしを取り出し、
2つにわってみせる。
ハンカチでつつむと…、なんと
わりばしは新品にもどっている！

| 難易度 | やさしい★ |
| --- | --- |
| テクニック | 少し必要★★ |
| 見せたい人数 | 3人〜 |

●●●●●用意するもの●●●●●

ふくろ入りのわりばし　2ぜん
ハンカチ（無地か裏表のデザインが同じもの）

# 秘密のタネづくり

**タネあかし**

①わりばしを1ぜんテーブルにおき、ハンカチをかぶせる。
ハンカチの手前の角に印の点をかいておく。

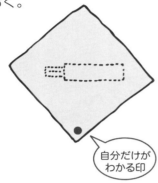

自分だけがわかる印

②もう1ぜんのわりばしをハンカチの上におく。

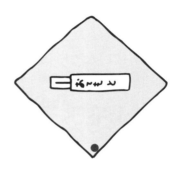

③そのわりばしとハンカチの下のわりばしをまとめてつかみ、向こう側に丸めていく。

④ハンカチの角の印が、手前の上に向いているよう確認する。

確認

**ワザ** まとめて丸めることで、上と下のわりばしが、ハンカチの中に巻きこまれていく。

じまんのわりばし

# 演技の達人

**1**「これはとっても便利で、じまんのわりばしなんです。何がじまんかお見せしましょう」
用意したハンカチを取り出し、図のように角を引っぱってテーブルに広げ、わりばしを見せる。

### タネあかし

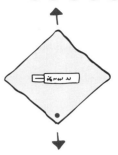

**2**「新品ですが、2つにわります」
わりばしをふくろから出して、2つにわる。

**3**「ハンカチでつつみます」
わりばしをふくろにもどして、再びハンカチの下のわりばしといっしょに丸めていく。

**4**「このわりばしは、本当にじまんなんですよ」
このとき、ハンカチの角の印が下に向くように、1回多く巻く。

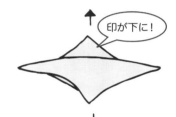
印が下に！

**5**「ベ・ン・リ・ジ・マ・ン…。あれ、2つにわったはずのわりばしが、新品にもどっている！」
おまじないの後、図のように広げると、下にあった新品のわりばしがあらわれる（わったわりばしは、ハンカチの下になる）。

**ワザ** これでハンカチの向きがかわったのだ。

**6**「このとおり、使っても新品にもどるじまんのわりばしで〜す」
新品になったことを相手に示す。そのわりばしをハンカチにもどし、わったわりばしもいっしょに、ハンカチに丸めてしまってしまおう。

じまんのわりばし

# スルスルハンカチ

ハンカチをかけた手にカードを持ち、
ハンカチを抜き取ろうとすると、
カードは落ちてしまう。
だが、マジシャンならカードは落とさない！

##### ●●●●●用意するもの●●●●●

厚紙のカード（厚紙をカードの形に切ったり、
いらないハガキをよこ半分に切ったものなど）
ハンカチ

| 難易度 | やさしい★ |
| --- | --- |
| テクニック | 少し必要★★ |
| 見せたい人数 | 3人〜 |

## 演技の達人

**タネあかし**

**1**「このカードをハンカチごしに持ってください。ハンカチを引っぱってみて、カードを動かしてみてください」
相手の手にハンカチをかぶせ、カードをハンカチごしに持ってもらう。

**2**（相手）「うーん、動きません」
「では、私がやってみます」

**3** このときハンカチの中でカードを人さし指と中指とではさみ、親指を自由にした状態で、裏と表を相手に見せる。

スペスルーハンカチ

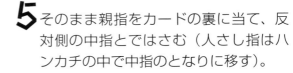

**4** 左手でハンカチのはしを持って整える ふりをしながら、(はしをめくりあげた ときに)親指をハンカチから出す。

**5** そのまま親指をカードの裏に当て、反 対側の中指とではさむ(人さし指はハ ンカチの中で中指のとなりに移す)。

**6**「ほら、こんなにかんたんに、ハン カチがスルスルと取れました!」
この状態でハンカチの角を引っぱ る。するとカードは手に持たれた ままハンカチがすべり、抜き取ら れる。

スルスルハンカチ

みんな おどろくよ!

# むすべないひも

ひもをむすぶ。だがなぜか、むすべない。
本当にむすんだのに、ほどけてしまうのだ。

| 難易度 | やや難しい★★ |
|---|---|
| テクニック | 少し必要★★ |
| 見せたい人数 | 5人〜 |

●●●●●用意するもの●●●●●

ひも　1m30cm くらい

**1**「ロープがあります」
ロープの両はしを持つ。

**2**「右のロープを左にかけます」
右のロープを左の手首に、外側からかける。

**3**「ここでロープをむすびます」
右のロープを上にして、

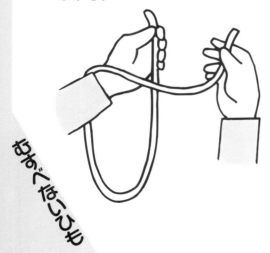

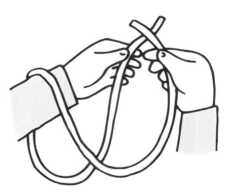

むすべないひも

**ワザ** 右のはしを上に重ねることをまちがえないように。

### タネあかし

**4**「1回、本当にむすびます」
1回むすぶ。

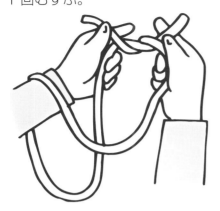

**5**「さぁ、よく見ていてください」
左手首にかかっている部分を、左手をかたむけてすべり落とすか、はね上げて、むすび合わせた所にバランスよくのせる。

**6**「引っぱると…、むすび目は消えてしまいました。むすべない不思議なロープなんです」
両はしをよこに引っぱると、むすび目が消える。

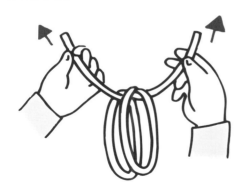

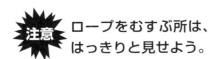
**注意** ロープをむすぶ所は、はっきりと見せよう。

からんだ…

むすべなくても

105

# マジックの秘密にせまれ

体だけを使った、楽しい「ボディマジック」。
道具を使わないので、おぼえてしまえば、
いつでも、どこでもカンタンにできるぞ！
**指と指の間にソーセージがあらわれる？**
**友だちみんなが大喜び！**
さぁ、はじめよう！

ボディマジック
## 3 びっくりソーセージ

# ダルマむすび

ひもを2度むすび、さらにひもをからめた。
もうとれないはずだ。
だが、引っぱるとむすび目がない！
友だちがやろうとしても同じようにはできないぞ。

| 難易度 | 難しい★★★ |
|---|---|
| テクニック | 練習が必要★★★ |
| 見せたい人数 | 5人～ |

●●●●●用意するもの●●●●●

ひも　1mくらい

# 演技の達人

## タネあかし

### 1 「ひもを1回むすびます」
Aを手前に重ね、1つ目のむすび目をつくる。

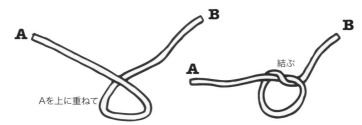

### 2 「さらにもう1度むすびます」
今度もAを手前に重ね、2つ目のむすび目をつくる。

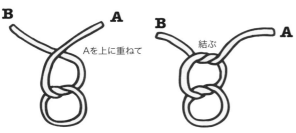

### 3 「さらに、この輪にとおし…」
Aを図のように、下の輪にとおし…

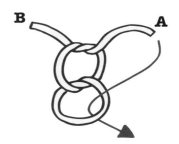

### 4 「こちらにもとおします。これでもう、しっかりむすべました！」
続けて上の輪にとおす。

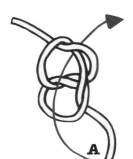

### 5 「でも見てください。ほら、このとおり、むすび目はとけてしまいました」
両はしを左右に引くと、むすび目は小さくなり最後に消える。

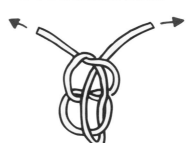

タテマむすび

# ハンカチネズミ

ぴょこぴょこ動きまわるハンカチネズミ。
しっぽを持ってひとふりすれば、
ただのハンカチにもどってしまうのだ。

| 難易度 | やや難しい★★ |
|---|---|
| テクニック | 少し必要★★ |
| 見せたい人数 | 5人〜 |

●●●●●用意するもの●●●●●

もめんのハンカチ（できれば白）

演技の達人

### タネあかし

### 1 「ハンカチでネズミをつくります」
ハンカチを三角形にして、両はしをとじるように折る。

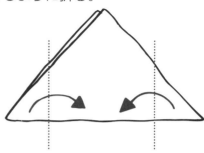

### 2 下から数回、折りあげていく。

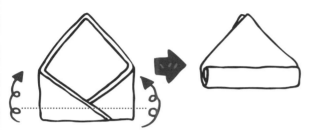

### 3 全体を裏返したら、左右に折り重ねる。

裏返して

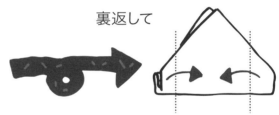

### 4 下から1回折りあげる。

### 5 出ているはしを図のように中に入れる。

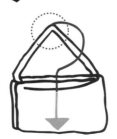

ハンカチネズミ

111

# タネあかし

**6** 両手の親指を穴に入れ、全体を手前にひっくり返す。

**7** 6を数回くり返すと、図のように両はしが出てくる。

**8**「はい、ネズミができました」
片方のはしを図のように持ち、むすび合わせてネズミの頭をつくる。

**9** 中指の先を、胴体としっぽのさかい目に当てる。

**10**「あれれ、動きだしました。元気ですね〜」
「エイ、最後は消えちゃいました！」

右手でネズミのおしりのあたりをカバーする。そのかげで左の中指で小きざみにはじき、ネズミを動かす。最後はしっぽを持って強く下にふると、とけてハンカチにもどる。

**注意** ときどき強くはじき、手のひらから、うでや、胸にとびはねさせたりしよう。
不意に相手の方へ飛びこませると、もり上がる。
自分で動かしているのではなく、勝手気ままに動いているといった見せ方を心がけよう。

ハンカチネズミ

# 逆立ちゴリラ

**秘密だよ…**

紙にかいたゴリラ。
あれれっ!?
いつの間にか、逆立ちしているぞ！

| 難易度 | やさしい★ |
| --- | --- |
| テクニック | 即席★★ |
| 見せたい人数 | 3人〜 |

●●●●●用意するもの●●●●●

紙（ゴリラの絵をかいておく）

# 演技の達人

**タネあかし**

**1**「バンザイしている ゴリラがいます」
絵を見せる。

**2**「この絵をたたみま～す」
図のようにたたんでいく。

**3**「よこにもたたみま～す」
本をとじるようにたたむ。

**4**「ゴリラはバンザイを していましたね」

逆立ちゴリラ

# タネあかし

**5**「おまじないをかけます」

**6**「では、開いて見てみましょう」
ここは逆に相手に向かって本を開くようにする。

**7**「はい！ あれ？ いつの間にかゴリラは、逆立ちしています」

**ワザ** 本を開くようにすれば、紙は自動的にひっくり返るのだ。

**注意** 折り目ははじめからつけておくと演技がスムーズだ。絵はゴリラでなく、好きなキャラクターを使ってもいいね。

# マジック7の秘密にせまれ

体だけを使った、楽しい「ボディマジック」。
道具を使わないので、おぼえてしまえば、
いつでも、カンタンにできるぞ！
**両手の指先をくっつけては、はなす。
人さし指、中指、小指は、それぞれ動かせる。
でも、薬指だけが、どうしてもはなれないんだ…。
休み時間は、笑顔でいっぱいさ！**

ボディマジック
## 4 はなれない薬指

**1**

いっしょにやってね。両手を合わせて、指先をかるくくっつけてみて！

**2**

両手をつけたまま、人さし指以外は曲げて。人さし指は、はなれますか？

（人さし指は、はなれる）

次からは、相手だけにやってもらおう。

**3**

では、中指はどうですか？

（中指は、はなれる）

**4**

薬指ではどうですか？はなれませんね。

では、あなたの薬指におまじないをかけますね。
レナクナラカチ〜
レナクナラカチ〜

薬指ははなれますか？はなれませんね。

（相手の薬指は、はなれない）

**5**

最後に、小指は、はなれますか？

（相手の小指は、はなれる）

はい、薬指だけがはなれないというマジックでした！

 注意 本当は、薬指はほかの指より筋力が少ないのではなれないのだ。おまじないによって、不思議なマジックとして見せられるんだ。

# ありえない再生紙(さいせいし)

広告チラシのまん中あたりをちぎり取る。
だが、紙を開くと、
あいているはずの穴がない…。
最新の再生紙なんだろうか？

| 難易度 | やさしい★ |
| --- | --- |
| テクニック | 即席★★ |
| 見せたい人数 | 3人〜 |

●●●●●用意するもの●●●●●

広告チラシや新聞紙
（お札くらいの大きさに切ったもの）

## 演技の達人

### タネあかし

**1**「チラシを折っていきます」
紙を図のように4つ折りにする。

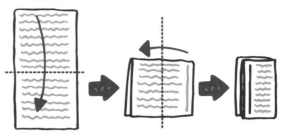

**2**「そして、少しちぎります」
右上を少したてにちぎる。

**3** 右手のかげで、ちぎった部分を手前に折る。

**4**「まん中もちぎります」
右手はあたかも、ちぎり取ったような演技で、それをポケットなどにしまうふりをする。

**5**「よこ向きにします」
チラシをよこに向ける。

**6**「では、チラシを広げていきます」
左手で切れ目をかくしながら、チラシを上に広げる。

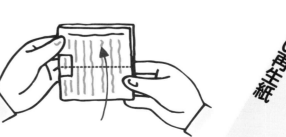

あじえない再生紙

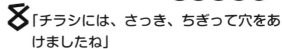
### タネあかし

**7** 親指で切れ目を手前に折る。

**8**「チラシには、さっき、ちぎって穴をあけましたね」
チラシを少しかたむける。相手からはチラシに穴があいているように見える。

**9**「では、よ〜く見ていてください」
手前のチラシを図のように折る。

**10** 全体をたてに反転させて向きをかえる。

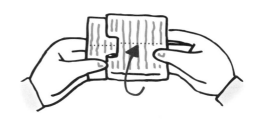

**11**「ルクイサリー、ルクイサリー」
「どうです、穴はあいていない、チラシのままです。これこそ、最新の再生紙です！」

おまじないをかけ、一気によこに広げると、穴が消えて元どおりになったように見える。

**ワザ** 切れ目は残っているが、紙の印刷にまぎれてわからない。

**注意** 紙は印刷の細かいものをえらんで使おう。相手からは、紙の切れ目が見えづらいんだ。

あじえない再生紙

# じゅもんはくり返す

**秘密だよ…**

「自由にえらび…自由に動かそうとも…
じゅもんの力で、最後はまん中で終わるだろう」
この予言のとおり、
紙は、まん中から動かない！

| 難易度 | やや難しい★★ |
|---|---|
| テクニック | 練習が必要★★★ |
| 見せたい人数 | 5人〜 |

●●●●●用意するもの●●●●●

四角い紙　3枚（おまじないをかく）
紙　1枚（予言をかく）

## 秘密のタネづくり

**タネあかし**

① 「自由にえらび…自由に動かそうとも…じゅもん（呪文）の力で、最後はまん中で終わるだろう」と、紙に予言をかき、小さくたたんでおく。

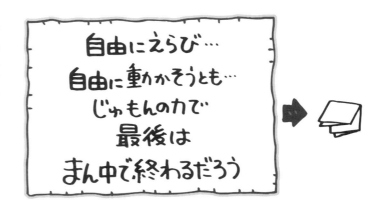

② 四角い紙3枚に、それぞれおまじないをかく。

じゅもんはくり返す

## 演技の達人

**タネあかし**

**1**「予言の紙です。持っていてください。では、このおまじないのかかれた3枚の紙の中から1枚をえらんでください」

相手に、たたんだ予言の紙をわたす。
次に、おまじないのかかれた3枚の紙から1枚えらんでもらう。たとえば「あたれごま」とする。

**2**「えらんだおまじないの紙の上に、予言の紙をおいてください」

「では、予言の紙を持って、おまじないの言葉 "あ・た・れ・ご・ま" の5文字を1文字ずつ言いながら、この紙の上で動かしてください。ただし、1文字につき1つずつ、左右自由に動かしてかまいません」

1でえらんだ紙の上に、予言の紙をおいてもらう。両どなりに、のこったおまじないの紙をおく。
次に、えらんだおまじないの言葉を言いながら、1文字につき1つずつ左右自由に（3枚の紙の上を）動かしてもらう。
ここでは「あたれごま」なので、5回予言の紙を動かす。動かし方はスゴロクのように1つずつ。左右のどちらに動かしてもよいが、飛びこしたりしてはいけない。

**タネあかし**

**3** 結果は「アブラカダブラ」もしくは「てじてじあかさたな」のどちらかでとまる。

**4**「では、もう1度、予言の紙の下にあるおまじないの言葉を読んでみてください」
「さっきと同じようにおまじないの言葉をいいながら予言の紙を動かしてください」

もう1度、キーワードにしたがって動かす。つまり、その下にあるおまじないの文字数だけ自由に動かす。「アブラカダブラ」と7回動かしても、「てじてじあかさたな」と9回動かしても、最後はかならずまん中で終わる。

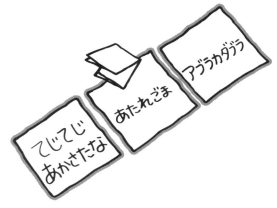

**5**「では、予言の紙を開いて、読んでください」
「おまじないにしたがって2度動かしてもらいました。かならず予言のとおりになるのです」
最後に予言の紙を開いてもらう。

じゅもんはくり返す

# ペアーマッチ

2枚ずつ同じ文字がかかれた、8枚の紙を
まぜこぜに…。
だがなぜか、同じ文字どうしが
なかよくそろってしまうんだ！

| 難易度 | やさしい★ |
| テクニック | 少し必要★★ |
| 見せたい人数 | 5人～ |

●●●●●用意するもの●●●●●

コピー用紙　2枚
ペン

# 演技の達人

**タネあかし**

**1**「この紙に4つの字をかきます。たとえば"さ・ん・す・う"」
紙を十文字に折り、4つのマスをつくる。その各マスにそれぞれちがう文字をかく。

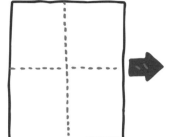

**2**「こちらにも同じようにかきます」
同じものをもう1枚つくる。この2枚を上下逆さまに重ねる。

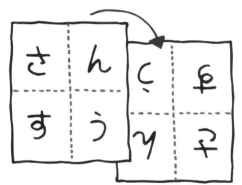

**3**「2枚を重ねます」
文字が見えないように、すべて裏向きにする。

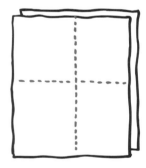

**4**「半分に切ります」
重ねたまま半分に切り、この2つを重ねる。どちらが上でもかまわない。

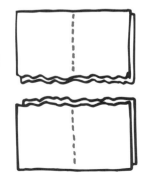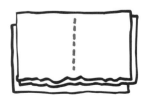

ペーアーマッチ

**5**「もう半分に切ります。これで8枚の紙に切れましたね」
さらにもう半分に切り、この2つを重ねる。どちらが上でもかまわない。

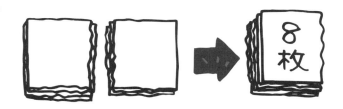

**6**「ここで順番を入れかえます。そして2枚ずつへらしていきます」

ここで7枚、上から下に1枚ずつ移していく。この7枚は、「さ・い・ご・の・か・み・が」の7文字に合わせ、言いながら移していく。そして1番上の2枚をいっしょにテーブルにおく。
次に5枚、上から下に1枚ずつ移していく。この5枚は、「あ・ざ・や・か・に」の5文字に合わせ、言いながら移していく。そして1番上の2枚をいっしょにテーブルにおく。
最後に3枚、上から下に1枚ずつ移していく。この3枚は、「そ・ろ・う」の3文字に合わせ、言いながら移していく。そして1番上の2枚をいっしょにテーブルにおく。

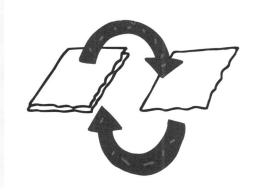

**7**「では、紙を見てみましょう。すべてペアーに、そろっていますね」
手元に残った2枚の表を見ると…同じ文字だ。このとおりにやれば自動的にそうなる。さらにテーブルの3組を見ると、それぞれすべて同じ文字となっている。

# PART 3
# ミステリーマジック編

こわいストーリーに不思議を
ミックスさせたマジックはいかがですか…？
それはそれは、いつもと「食いつき」がちがうでしょう。
ふつうのマジックではなく、ここでは
「ちょっとこわくて不思議でおもしろい」がテーマです。
18種のマジックがこわ〜い話感覚で演じられます。
(さらにスペシャルカードマジック+4種類)
これで君はより印象に残るミステリーマジシャンに。
具体的には心霊や超能力、妖怪、魔物などの要素が
ストーリー(演出)にもりこまれています。
ただし、いやがる相手をむりやりこわがらせたり、
いやな気持ちにさせてはいけません。
こわいといっても相手を楽しませ、
なかよくなるのがマジック本来の目的ですから。

# 友だちとテレパシー

**秘密だよ…**

　テレパシーとは、人の考え、思いが、ほかの人に伝わることだ。映画やテレビ、小説などでときどき見かけることがある。
　ここでは実際に、相手が思ったサイコロの目をテレパシーによって当ててしまうのだ。
　超能力？　霊能力？…本当の秘密を知るのはキミだ！

道具なし　★★（協力者が必要）

●●●●●用意するもの●●●●●
イス

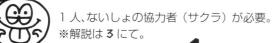

## タネあかし

1人、ないしょの協力者（サクラ）が必要。
※解説は3にて。

### 演技の達人

**1**「テレパシーの実験をやります。1人、お手伝いをお願いします」
「では、こちらのイスにすわってください」
「あなたの役目は心を伝えることです。実験の間はしゃべったり動いたり、私とも目を合わせないでください」

助手（ないしょの協力者＝サクラ）をえらび、マジシャンに背を向くようにすわらせる。

**2**「ではどなたかに、心の中でサイコロをふってもらいます。サイコロの目は1〜6のどれかです」
「…ではあなた、お願いします。心に思ったらその数をみんなに指で示して、ひそかに教えてください。私は後ろを向いています。ではどうぞ」
セリフのようにおこなってもらう。

**3**「それでは、助手はその数を強く思ってください。私も集中し、テレパシーで読み取ります」
マジシャンは向き直り、両手のひらで助手の顔のよこを押さえる。

●解説しよう

助手とは、演技の前に打ち合わせをしておこう。助手には、マジシャンに教える数の回数だけ、奥歯をかみしめてもらう。マジシャンは手のひらでその回数を感じ取るのだ。

**応用** 助手との練習はよくしておくこと。事前に番号化しておけば、色紙を使って色当てなどもできる（たとえば…赤→1、黄色→2、緑→3、青→4）。えらばれた色に対応する数を伝えればいいんだ。まちがえては意味がないので4種類までにとどめよう。不思議さにそれほど変わりはない。

友だちとテレパシー

# 秘密だよ… 手のひらに霊気(れいき)

　相手に手のひらを向けてもらう。そこに、のばした指先を向ける。すると相手は、手のひらにひややかな風を感じるのだ。いったい何が、指先からはっせられているのだろう？
　大気から何かを集めているようにも思える。
　ひんやりとした、別の世界からの何かを…こわっ。

道具なし　★（やさしい）

## 演技の達人

### タネあかし

**1** 「この世とあの世とのさかいには、霊気がただよっていると言われています。それを特別に体験してみましょう。手をまっすぐのばし、手首を曲げて、手のひらを私に向けてください」

セリフの後、手を上にのばして指をならし、相手の手のひらに指先を向ける。すると指先からひややかな風がおこり、相手の手のひらに吹くぞ。

**ワザ** 手を高く上げ、指の間をとじて大きく振り下ろす（これで自然に風が発生する）。そして、相手の手のひらに指先を向けて、急に止めるのだ。止めるときには親指が上を向くようにする。そうすると、相手は指先から風が出ているように感じる。

上で指をならすのは、この原理とは関係ないが、空中から霊力を集めているように思わせる演出なのだ。指をならせなくても、「このようにすると手がアンテナとなり、霊気が集まります」と言ってしばらく間をとればよい。

手のひらに霊気

秘密だよ…

# ろくろ親指 (のびる親指)

　日本古来の妖怪に、ろくろ首がいる。昼はふつうだが、夜には首がのびてさまようというものだ。ここでは現代の怪奇を見せよう。

　親指を口にくわえて下に引っぱると、のびる。約3倍にのびるので、左右にかたむけるとグニャグニャする。「あまりやると元にもどらなくなるから」と言い、何くわぬ顔で元にもどすのだ。

　まわりはパニック！

道具なし　★（やさしい）

## 演技の達人

### タネあかし

**1**「首がのびる、ろくろ首という妖怪を知っていますか？ 私の首はのびませんが、ちがうものがのびます」

セリフの後、左親指の根元を右手でにぎる。このとき、左親指の裏に右親指を少し下げて重ねておく。左親指の先を口にくわえる。

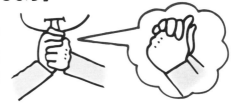

**2**「ん〜〜〜！」

左手を引っぱるように下げる。同時に…右手は親指をのばして口にくわえ、残りの指は左親指の先をにぎりかくすようにする。タイミングよくやれば、親指がのびたように見える。

**3**「こんなにのびました。しかもグニャグニャ」

口から親指をはずす。そして左親指の根元から全体を左右にふる。同時に右親指も独自に左右にゆらす。この２つの動きがびみょうにずれるとグニャグニャな感じに見える。

**4**「あまりやりすぎると元にもどらなくなるから、このへんでもどします」

右手は左親指をかくすように下げる。同時に、のばしている右手の親指も右手の中に（亀(かめ)の首が引っこむように）引く。そして右手をどけると、そこには元にもどった左親指がある。

**ワザ** カガミの前でいろいろなタイミングをためしてみよう。

ろくろ親指（のびる親指）

# マジック7の秘密にせまれ

　カードマジックは、えらんだカードを当てるだけでなく、変化したり、動いたりと、あらゆる不思議が表現できる。これらを演じるだけで、本格マジシャンとして評判になるだろう。

　ここでは、「変化」のカードマジックを演じよう。

## スペシャルカードマジック1
## 魔法のダイヤ

　「変化」は魔法使いが最初に習う、もっとも基本的なものの1つと言われている。ここにダイヤのトランプが3枚ある。この中のダイヤのAが、手をふれただけでハートのAに変わってしまうのだ。

●●●●●用意するもの●●●●●
トランプ

135

# スペシャル演技！

**1**「『魔法の書』とは魔法使いの教科書です。この第1章に書かれている基本的な魔法をごらんください。ここに3枚のトランプがあります。ダイヤのA、2、3です」

トランプからハートのA、ダイヤの2、3の表を見せずに取り出す。それを図のように持ってから相手に見せると、ハートのAがダイヤのAに見える。

**2**「Aはまん中にありますね？ それでは裏向きにします。さて、Aはどこでしょうか？」
（相手）「これです」
相手はまん中を指さす。

**3**「それでは、これに魔法をかけます…。すると、ハートのAに変わってしまいます」

まん中のトランプを裏向きにテーブルに置き、魔法をかけるように手でなでる。そして表に向け、変化したことを見せるのだ。

## 秘密だよ… おどるつまようじ

　木には命がある。その木でつくられたつまようじにも命がある。
　だからそこらにポイッと、すてたりしてはいけない。そのつまようじ、夜中に勝手に動き出し、人の眠りをじゃまするらしい…。
　ここでは夜中ではなく、みんなの前で少しだけおどってもらう。

身近な道具を使う　★★（やや難しい）

●●●●●用意するもの●●●●●
つまようじ　2本

## 演技の達人

### タネあかし

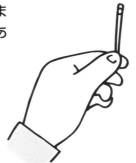

**1**「このつまようじには命があります。みんなの前で生きているあかしを見てもらいましょう」
1本を左手で図のように持つ。

**2** もう1本を右手で図のように持つ。

**3**「うまくいけば、手のひらで小きざみにおどりだします」
両手を近づけ、左手のつまようじの下に、右手のつまようじを支えるように当てる。

**ワザ** 中指のつめとつまようじをつける。

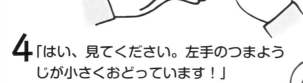

**4**「はい、見てください。左手のつまようじが小さくおどっています！」

**注意**
最近は見かけないが、マッチ棒はやりやすい。じくが四角く、平らな面がまさつをつくりやすいんだ。

左手のつまようじは、親指をはなし、人さし指と右のつまようじとでバランスをとる。
右のつまようじは、強く固定したまま、中指のつめでつまようじを強くこする。「ツルリ」とすべってはだめで、「ビキビキッ」と少しずつこすっていく（中指を矢印の方向へ引く）のだ。
すると、細かい振動が伝わり、左手のつまようじが小きざみに動きだす。

おどるつまようじ

# 魔のお札

秘密だよ…

お金には、たまに人をくるわす魔物が住みついている。だから、心をうばわれないように、気をつけるのだ！

だが、お札に魔物がいるかどうか調べる方法がある。

お札で十字架(じゅうじか)をつくり、何かが起これば魔物のしわざだ！　では、試してみよう…。

身近な道具を使う　★★（やさしい）

●●●●●用意するもの●●●●●
お札　2枚

# 演技の達人

**タネあかし**

**1**「このお札に魔物がいるかもしれません。この2枚を使って調べてみます。魔物は十字架をいやがります。この1枚をよこ向きに置き、もう1枚をこのように…」

1枚のお札をよこ向きに置き、その上にもう1枚を十字架のように、たて向きに重ねる。

**2**「たて向きのお札のここを指で押さえてください」
「今、押さえているお札は上にありますね？」
（相手）「はい」

相手に近いはしを指で押さえてもらい、上にあることを確認する。

**3**「魔物が本当にいれば、何かが起こります。しっかり押さえていてください」

手前からお札を、相手の押さえている指のところまで巻いていく。
すると相手は気づかないが、途中でお札の上下が入れかわるのだ。

*魔のお札*

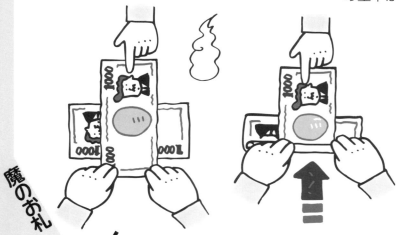

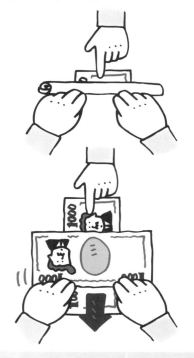

**4**「では見てみましょう。…お札が入れかわりました！ やっぱり魔物はいるようです。気をつけて！」

巻きをもどしていくと、押さえているお札が下になっている。

140

# たましいと肉体

　古代エジプトでは、死後もたましいは死なず、いずれ肉体に帰ってくると信じられていた。ここで、たましいと肉体がいっしょになる神秘のマジックを見せよう。
　ひらひらと落ちる紙きれが、はるかに重い本と同じに、ドスン！と落ちてしまうのだ。

身近な道具を使う　★★（やさしい）

●●●●●用意するもの●●●●●

紙きれ
（ティッシュペーパーを1cm角に切る）
本

## 演技の達人

**タネあかし**

**1**「この紙きれを、たましいとします。そしてこの本は肉体とします」
本の上に紙きれを乗せ、それを持つ。

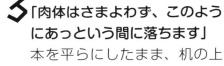

**2**「たましいは、空中をひらひらとさまよいながら落ちます。このように」
本を上に上げ、かたむけて紙きれを机の上に落とす。紙きれは、ひらひらと時間をかけてまい落ちる。

**3**「肉体はさまよわず、このようにあっという間に落ちます」
本を平らにしたまま、机の上に落とす。紙きれのときより、はるかに早く落ちる。

**4**「でもたましいは肉体といっしょなら、さまようことはありません。今度は、一体になるようにおまじないをかけます。ヒトツニナアレ…ヒトツニナアレ…」
もう1度、本に紙きれを乗せておまじないをかける。

**ワザ** 紙きれと本の落ちる時間のちがいを強調する。

**5**「一体となったので、同時に落としても、たましいがさまようことはないでしょう。紙きれは本といっしょに落ちるはずです。…このとおり！」 紙きれが乗ったままの本を（途中でかたむかないように気をつけて）落とす。すると、いっしょにドスン！と落ちる。

たましいと肉体

**ワザ** これは、重さのちがう物でも同じ速度で落ちるという科学の法則。ひらひらと時間がかかるのは空気抵抗のためだ。本に乗せると空気抵抗がなくなるので、いっしょに落ちるのだ。

# 生きているヘアピン

　ふつう、物には感情がないので、大切にあつかうことをおこたってしまう。
　もし、身のまわりの物に命がふきこまれたら？ 妖精(ようせい)が乗りうつったとしか思えない、そんな不思議な世界を体験してみよう。
　ヘアピンを定規(じょうぎ)にかけてみる。命令すると、ヘアピンは定規の上を行ったり来たり！
　そして最後に、2つのヘアピンは恋人のようにお互いに近づいていく…。

**身近な道具を使う　★★（やさしい）**

●●●●●用意するもの●●●●●
ヘアピン　2個（ピンはUの字に間があいているものがよい。間がせまいものは広げておくこと）
直線定規（長さが20cm以上で、幅がヘアピンより短いこと）あるいは竹ぐしなど細く長いもの。

143

### タネあかし

**1**「ふつうのヘアピンと定規です。よく調べてください」

**2**「それでは定規にピンをかけて、テーブルにつけます。命令するとヘアピンが動きだします」

「動け！ …動いています」

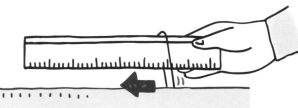

「もどれ！ …もどってきます」

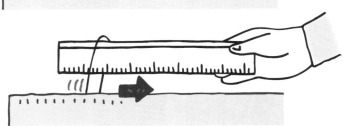

「最後は2本を別々のはしにかけ…お互いが近づくところを見てください」

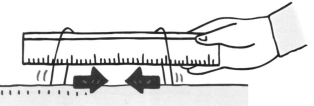

生きているヘアピン

ピンのはしはテーブルにつけるが、手はどこにもつけず、空中で持ち続ける。そうするとわずかな筋肉の振動がピンに伝わり、ピンがかたむいている方向に動きだす。

**ワザ** 動かしたい方向にピンをかたむけて、ピンのはしをテーブルにつければよいのだ。

# 秘密だよ… 死神のいたずら

　死神は目には見えないが、不吉な出来事の前にはそっと近づいてくる。また十字架があると、それをゆらしておどかすこともあるらしい。
　わりばしで十字をつくり、実験をする。何か物を置き、わりばしがスーッと吸い寄せられたら気をつけよう。死神は、すぐそこに来ているかもしれない…。

身近な道具を使う　★（やさしい）

●●●●●用意するもの●●●●●
わりばし
消しゴム

## 演技の達人

### タネあかし

**1**「死をつかさどる神様を死神と言います。目には見えませんが、十字架に反応することがあるそうです」

わりばしを図のように十文字に組む。上のわりばしは両はしともテーブルにつかないようにバランスをとる。

**2**「ではこの消しゴムをわりばしにふれないよう、いろいろなところに置いてみてください」
「…何も起こらないようですね」

相手に消しゴム（何でもよい）をわたし、何か所かに置かせる。

**3**「それでは、私がやってみます。…あっ、動きました」

消しゴムを図の位置に置きながら、図のAのあたりにひそかに息を吹きかける。するとわりばしは回転して、消しゴムに吸い寄せられるように動く。次に消しゴムを左手前（左右反対）に置きかえて、わりばしを逆に回転させてもよい。もちろん息はAの反対のはしを吹くのだ。

死神のいたずら

# マジックの秘密にせまれ

　カードマジックは、えらんだカードを当てるだけでなく、変化したり、動いたりと、あらゆる不思議が表現できる。これらを演じるだけで、本格マジシャンとして評判になるだろう。
　ここでは「当てる」カードマジックを演じよう。

## スペシャルカードマジック2
## ハンドパワー

　ハンドパワーとは手から出る未知の力である。相手のえらんだトランプを手に持ってエネルギーを送る。すると、何のトランプかわかってしまうのだ！

●●●●●用意するもの●●●●●
トランプ

## スペシャル演技!

**タネあかし**

**1**「ハンドパワーを使ったマジックをお見せします。このトランプの中から自由に1枚えらんでもらいます。それを裏向きのまま、私にわたしてください」

「ではこのトランプに、手からエネルギーを送りこみます。すると、だんだん何のトランプかわかってきます」

セリフのとおりに行う。相手がえらんだ1枚のトランプを裏向きに受け取り、右手で図のように持つ。

**2**「…ん～～～。わかりました○○です！」
（みごとに当たる）

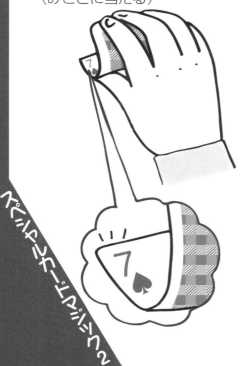

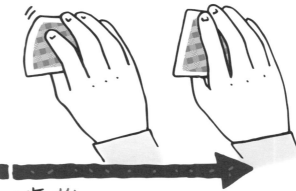

図のように、パワーを送るふりをしながらトランプを曲げる。この時、表の角にある数字とマーク（インデックス）を見てしまう。そして曲がったくせをもどすため逆にそらせる。
そしてトランプの名前を言うのだ。

スペシャルカードマジック2

# 命のオーラ

　生命からは、それぞれオーラというエネルギーが出ているそうだ。
　オーラは目に見えないが、神秘の力で感じ取れるときがあると言う。
　3枚の紙の中から、1枚だけ生命のオーラを感じ取るのだ！

身近な道具を使う ★（やさしい）

●●●●●用意するもの●●●●●
ハガキサイズに切った画用紙（切り口はカッターナイフか、はさみでまっすぐに切ること）
紙ぶくろ　えんぴつ

# 秘密のタネづくり

**タネあかし**

用意した画用紙に3つの（同じ幅の）折り目をつける。後で折り目にそって破くので、両方向によく折っておく。

用意してね！

**演技の達人**

**1**「人間や動物、お花やくだものには命があります。命がある物からは、不思議なパワーが出ています。その実験を見せましょう。この紙に3つの物をかきます。はじめは、何でもいいので命のある物を言ってください。それをまん中にかきます」

まん中に命のある物（たとえばウサギ）をかく。

**2**「次に、消しゴムや黒板には命がありませんね。命のない物を2つ言ってください」

ウサギとかいた両どなりに、命のない物（たとえばテレビ・やかん）をかく。

**3**「はい、3つかきました。それぞれ3つにわけて半分に折ります」

3つに切りわけ、かいた方が内側になるよう半分に折る。

**ワザ**

どれも同じに見えるが、じつはまん中にあった紙（ウサギ）は、両はしが手で破られているので、切り口がギザギザになっている。残りの2枚は片方のはしだけがギザギザなのだ。

命のオーラ

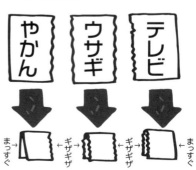

### タネあかし

**4**「紙ぶくろに入れてよくまぜます」
自分で、そして相手にわたしてまぜてもらう。

**5**「では、命のある物（ウサギ）を感じ取ってみます。もちろんふくろの中は見ないで、指先の感覚だけです」
「うーん…？　これが何か命のパワーを感じます。見てみましょう…当たりです！」
手さぐりで3枚の紙の両はしをさわる。両はしにギザギザの感触がある紙がウサギの紙だ。それを取り出して見せる。

**注意** 紙の両はしをさわるとき、感じ取ろうとする演技をすれば、時間をかけてもよい。それでもわかりづらければ、両手でさがそう。ただし、のぞき見てはいけない。

命のオーラ

# テレパシート

秘密だよ…

　超心理学の世界では、心と心がかよいあう研究をしている。テレパシーの研究として5この図形を使った実験は、ESP（イーエスピー）カードとして知られている。
　ここでは9この図形を使って、友だちとテレパシーの実演をする。相手がえらんだ図形が、何度やってもわかってしまうのだ。

身近な道具を使う　★★（協力者が必要）

●●●●●用意するもの●●●●●
コピー用紙
（p29のような図形をかいておく）

152

# 秘密のタネづくり

**タネあかし**

①図のような9この図形をかく。
②1人、ないしょの協力者（サクラ）が必要。※解説はp.30-2にて。

### 演技の達人

**1** 「これはテレパシーの研究用シートです。これを使うと、知られていない能力が開発されます。やってみましょう」
「9この図形のうち、どれか1つにさわってください。後ろを向いているので、さわったら『もういいよ』と言ってください」
（相手A）「もういいよ」（左上の四角をさわったとする）
マジシャンは前を向く。

「それでは、だれか…図形をてきとうにさわっていきながら、『これですか？』と私に聞いてください」
（相手B）「これですか？」
（マジシャン）「ちがいます」
相手Bは、ないしょの協力者＝サクラ。
マジシャンは相手Bとのやりとりを何度かくり返していく。

テレパシート

153

# タネあかし

## 2 (相手B)「これですか？」
(マジシャン)「そうです！」
マジシャンは相手の心理を読み取り、図形を当てる。

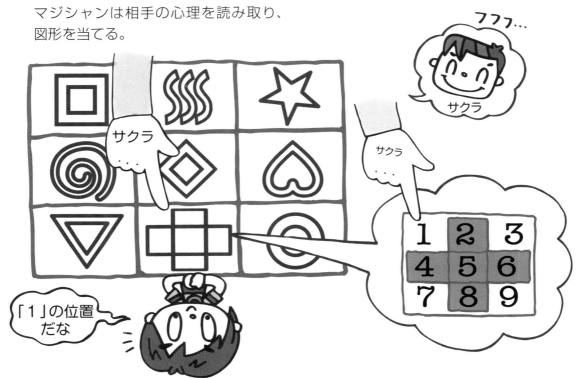

### ●解説しよう

相手Aが、かりに四角「1」をえらんだとする。

ないしょの協力者である相手Bと、あらかじめ次の約束をしておく。

相手B（サクラ）には、手前の太い十文字を最初にさわってもらう。この図形のさわる場所によって暗号を送るのだ。つまり相手Bはこの図形をシート全体にみたて、十文字の中の「1」の位置をさわるのだ。これを見てマジシャンは相手の図形（四角）を知るのだ。

例えば…、サクラが十文字の中央をさわったとしたら、シート全体の中央、つまり「ひし形だよ」という暗号を送っているのだ。

# 恐怖の落とし物

秘密だよ…

「やたらと物をひろってはいけないと言われていたんだけど〜、特にこんな物は…！」
「何それ？　キャー！」
「指が落ちていたんだ。さわってごらん…」すると突然、その指が動きだす。
　まわりは大パニック!!!　どうなっても知らないぞ。

身近な道具を使う　★（演技力が大切）

●●●●●用意するもの●●●●●
ティッシュペーパー
赤いマジックペン

# 秘密のタネづくり

**タネあかし**

①ティッシュペーパーを2枚、細長くしておく。それとは別に2枚重ねて、まん中に穴をあけ、中指を根元まで出す。

②細長くしたティッシュペーパーを中指の根元に巻きつける。

③もう1枚の細長くしたティッシュペーパーを、中指の下のクッションとして寄せ集める。

④赤いマジックペンで中指のまわりに色をつけ、図のようにたたんでいく。親指で広がらないよう押さえておく。

恐怖の落とし物

# 演技の達人

**タネあかし**

**1**「ひろい物しちゃった。これまずいかな〜？」
相手が注目したら、準備と逆の順にゆっくりと開いていく。

**2**「指なんだけど…よくできてるでしょー…」
（相手）「キャー！」
相手がさわろうとしたり、さらに近づいたときには、タイミングよく指を動かそう。

・・・・・・・・・・・・・・・・・・・・
### 応用〜専用の箱をつくる〜

これが気に入ったら、しかけの箱をつくるとよいだろう。たて長の手のひらサイズで、ふたを上からかぶせるタイプの箱。底に中指を入れる穴をあけ、中には脱脂綿をしきつめておく。箱を持ち、ふたをあけたら中指が！という演技が準備なしにできるぞ。

恐怖の落とし物

> 秘密だよ…

# 1／2（にぶんのいち）の霊感

　古代の人は、「結び目」は神がやどる神聖なものと考えていた。また結び目は、霊感を強めるとも言われている。
　結び目のあるひもと輪をあやしい持ち方で示し、ひもが輪にとおっているかいないかを相手に当ててもらう。
　信じられないことに、相手は何度やっても当たるのだ！

身近な道具を使う　★★やや難しい

●●●●●用意するもの●●●●●

太めのひも　80cmくらい（両はしに結び目をつくっておく）
輪（直径8cmくらいの粘着テープの芯や、大きめのせん抜きなど）

## 演技の達人

タネあかし

**1**「昔から、物を結ぶと新しい力が生まれると信じられてきました。これであなたの霊感をためしてみましょう」

**2**「まずは結び目をさわってください。霊感のパワーが強まります」

**3**「それでは、輪にひもをとおします。ただし見えないようにテーブルの下で…」

輪にひもをとおし、ひものはしを親指のつけ根にはさむ。図のようにひもを1回4本指に巻き、さらに輪にとおす。

1/2（にぶんのいち）の霊感

フシギだよ〜ん

### タネあかし

**4** 「できました。実際に輪にひもがとおっているかどうかは、ないしょです。輪を持ってください。さあ、どっちでしょう?」

相手に輪を持たせ、ひもがとおっているか、いないかを感じるままに言ってもらう。

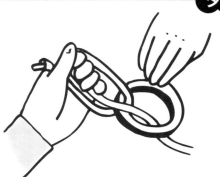

**5** 相手が「とおっていない」と答えた場合
**「当たりです！ このとおり…」**
両手を左右に引きながら、p.35-**3** で4本指に巻いた部分をはなす。

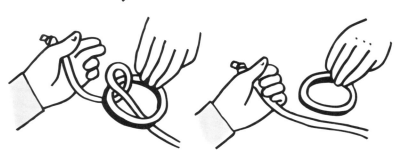

**6** 「とおっている」と答えた場合
**「当たりです！ このとおり…」**
両手を左右に引きながら、親指をゆるめて、**3** ではさんだひものはしをはなす。はしは輪を抜け、親指にもどってきたところでつかむ。

この後も2〜3回くり返す。相手の答えによって、当たるようにやり方を合わせるのだ。

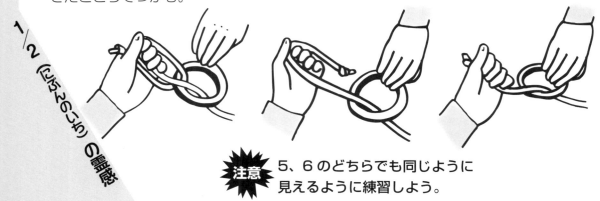

1/2（にぶんのいち）の霊感

**注意** 5、6のどちらでも同じように見えるように練習しよう。

160

秘密だよ…

# 1つ目小僧(こぞう)は？

　夜道を小坊主(こぼうず)が歩いていたら、声をかけてはいけない。ふり向いたその顔は、1つ目小僧かもしれないのだ！　人をおどかす、いたずら妖怪…。
　ここでは、その妖怪を使ったマジックに挑戦する。
　10枚の目玉シールを使って、相手に妖怪と人間を自由につくりわけてもらう。
　妖気を感じ取ったマジシャンは、相手がつくった妖怪と人間の数を当ててしまうのだ。

身近な道具を使う　★★（やや難しい）

●●●●●用意するもの●●●●●
丸形カラーシール（白）　10枚
黒のペン　小型のメモ帳

# 秘密のタネづくり

**タネあかし**

①丸形シールに、黒ペンで黒目をかいておく。

②小型のメモ帳に図のような「小坊主の絵」を10枚かいておく。

**1** 「今から、1つ目小僧という妖怪と2つ目の人間をつくってもらいます。このメモ帳には目のない小坊主がたくさんかいてあります。そして目玉シールもあります。メモ帳の小坊主に目玉シールをはっていってください。1枚つければ1つ目小僧、2枚つければ人間です。どちらを何体つくるかは自由ですが、私には言わないでください。1体つくるごとにメモ帳から切りはなしてテーブルに置いていくこと。そして目玉シール（10枚）はすべて使いきること。よろしいですか？　それでは後ろを向いていますので、終わったら教えてください」

マジシャンは後ろを向き、セリフのとおりにさせる。

1つ目小僧は？

目が2つだと人間だよ

**2** (相手)「終わりました」
「それでは、できた妖怪と人間の合計数（ちぎったメモの数）を数えて教えてください」
例 （相手）「8です」
「はい。次はテーブルにあるすべての物をポケットか見えないところにしまってください」
「それではそちらを向きます…」
「では1つ目小僧の妖気を感じ取ってみましょう。ん〜〜…。わかりました。あなたのつくった1つ目小僧は6で、人間は2です。取り出して、確認してみましょう」

1つ目こぞうのいたずらマジック！

### タネあかし

セリフのように演技を進めるが、聞いた合計数を次のようにすれば（妖怪と人間の）内訳がわかるのだ。
相手に見えないところで片手を広げ、言われた数だけ親指から順ににぎっていく。
小指までいったら逆に小指から開いていく。

5の場合…人間5　6の場合…人間4　7の場合…人間3
妖怪0×2＝0　妖怪1×2＝2　妖怪2×2＝4

8の場合…人間2　9の場合…人間1　10の場合…人間0
妖怪3×2＝6　妖怪4×2＝8　妖怪5×2＝10

※ここで、にぎられた指の数を数える。その数が人間（2つ目）の数である。
※のびている指の数を2倍にした答えが、妖怪（1つ目）の数となる。

1つ目小僧は？

# マジックの秘密にせまれ

　カードマジックは、えらんだカードを当てるだけでなく、変化したり、動いたりと、あらゆる不思議が表現できる。これらを演じるだけで、本格マジシャンとして評判になるだろう。
　ここでは「集合」のカードマジックを演じよう。

## スペシャルカードマジック3
## アンシャンテ

　魔法にかけられたトランプがある。これが3つの山に配られる。すると1番上にキング、クイーン、ジャックがあらわれる。さらにその後、すべてのキングがそろい出るのだ！

●●●●●用意するもの●●●●●
トランプ

# 秘密の準備

**タネあかし**

6枚のトランプを図のような順にならべる。ダイヤのキング、クラブのキング、ハートのキング、スペードのキング、スペードのクイーン、スペードのジャック。この6枚を裏向きにして、トランプの一番下に準備しておく。

一番下に重ねる

準備された6枚

## スペシャル演技！

**1**　「フランス語で"はじめまして"をアンシャンテと言います。また別に"魔法にかけられた"という意味もあるんです。では、魔法にかけられたトランプをお見せします」
準備したトランプをテーブルに置く。
**「このトランプの半分くらいをわけて、少しはなれたこちらに置いてください」**
相手が2つにわける。

**2**　「トランプの山が2つできました。それぞれの山をもう半分ぐらいにわけて、となりに置いてください」
相手に図のようにわけさせていき、4つの山をつくる。向かって一番左（A）が、一番下に準備されたトランプのある山である。

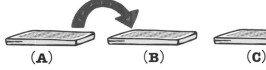

準備された6枚がある

スペシャルカードマジック3

165

## タネあかし

### 3「それではこれを配って、3つの山にします」
（A）の山を持ち、上から1枚ずつ3つの山の上に配っていく。（B）（C）（D）（B）（C）（D）〜の順にくり返し、手元の（A）がなくなるまで配るのだ。すると準備した6枚が、各山の上に2枚ずつ来る。

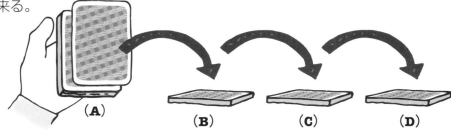

### 4「では、一番上を見てみます…。なんと、スペードのジャック、クイーン、キングです。絵札の代表が、あいさつにあらわれたようです」
各山の一番上を表に返すとスペードの絵札があらわれる（順序は図のとおりでない場合がある）。
その3枚を表向きに集め、一番上がキングになるように重ねてテーブルに置く。

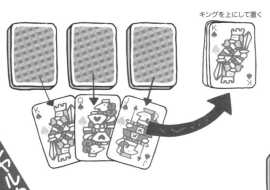

### 5「さらにこのようにすると…。すべてのキングが集まりました」
3つの山に魔法をかけるようなゼスチャーをし、各山の一番上を表に返す。これですべてのキングがあらわれる（順序は図のとおりでない場合がある）。

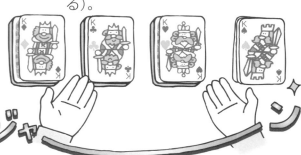

スペシャルカードマジック3

# 魔界からの訪問者

秘密だよ…

魔界とは悪魔（あくま）、死神（しにがみ）、吸血鬼（きゅうけつき）などが住んでいる世界。地上とは縁（えん）が切れているので心配はないのだが…今日は様子が？

手のひらの上に置いた小さなわりばしが、不気味（ぶきみ）にもそーっと立ち上がるのだ。

工作がいる ★（やさしい）

●●●●●用意するもの●●●●●
わりばし（ふくろも）
両面テープ
はさみ　カッターナイフ

# 秘密のタネづくり

**タネあかし**

わりばし1本をカッターナイフで小さく切る。太いはしの断面に両面テープをはる。

わりばしのふくろの先を小さく切り（文字や魔界のキャラクターの絵をかいておいてもよい）、小さく切ったわりばしにかぶせる。

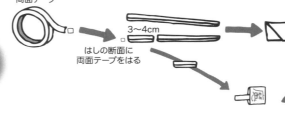

## 演技の達人

### 1「この小さなわりばしで、魔界から魔物を呼ぶことができます」

つくった道具を取り出し（ふくろからミニわりばしを抜いて）見せる。再び元にもどし、左手に乗せる。両面テープの部分が中指の根元にしっかりつくよう、図のようににぎる。

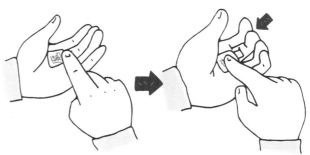

### 2「では、見ていてください…。ほら、何かが乗り移ってきました」

左手がそるようにゆっくりと開いていくと、小さなわりばしが立ち上がっていく。立ち上がったらゆっくりとにぎり、寝かせてゆく。そのままポケットにしまい終わりにする。

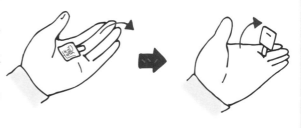

**注意** 両面テープは1度使うと弱くなるので、すぐに取りかえること。かぶせるふくろが大きすぎると重くなり、立ち上がりにくくなる。ふくろを短くするか、ふくろなしでもかまわない。

魔界からの訪問者

# 財宝を探せ

**秘密だよ…**

財宝を盗むと呪いがかかるという話が世界中にある。
日本でもその昔、10円玉には精霊がやどり、神秘の力があると信じられていた。
この10円玉にも不思議な力があるようだ。
3このキャップで1枚の10円玉をかくす。が、不思議な力に引き寄せられて、10円玉のありかは、わかってしまうのだ…。

工作がいる ★（やさしい）

●●●●●用意するもの●●●●●
ペットボトルのキャップ　3こ
10円玉
黒い髪の毛　2cm以上
セロハンテープ

# 秘密のタネづくり

タネあかし

10円玉にセロハンテープで髪の毛をはりつける。フチから1cmくらいはみ出るようにし、長すぎる場合は切っておく。

演技の達人

**1**「この10円玉には不思議な力があります。キャップをかぶせてとじこめると、見えない力を発するのです」

まずはじめに、タネの髪の毛が目立たないような暗い色のテーブルでおこなおう。
テーブルが明るい色で目立つ場合は、新聞紙をしいておこなおう。

**2**「キャップが3こあります。後ろを向いているので、10円玉に好きなキャップでふたをしてください。そして残りのキャップもよこにならべ、自由に場所を入れかえてください」

10円玉とキャップを取り出し、テーブルに置く。後ろを向いている間に、キャップをかぶせてまぜてもらう。

**3**「できましたか？ これで10円玉は、どこにあるかわかりませんね。では、10円玉を感じとってみましょう」
「あっ、わかりました。ここから不思議な強い力を感じます」

財宝を探せ

相手がかくし終えたら、正面を向く。10円玉のパワーをさぐるような演技をしながら、実際にはキャップからはみ出ている髪の毛をさがし、当てるのだ。

注意

● 500円玉でもできる。キャップの大きさに近いので、髪の毛のはみ出る長さが少なくてすむ。
● 友だちに見せる前に、家族にためしてから挑戦しよう。

# おばけバラバラ事件

おばけをつかまえた。再びあらわれないように、体を順にバラバラにたたむ。ただ最後に残った部分には気をつけろ！

もし、それがおばけの思いどおりなら、恐ろしいことに…。

決して順番をまちがえるな！　でもやっぱり、おばけの予言どおりに？

工作がいる　★★（やや難しい）

●●●●●用意するもの●●●●●

コピー用紙　2枚（p.48-①のような絵を2枚かいておく。1枚かいたらコピーするとよい）
ふうとう　のり
カッターナイフかはさみ

# 秘密のタネづくり

**タネあかし**

①図のような絵を2枚用意する（コピーするとよい）。

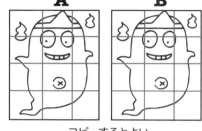

②用紙Bから図のように2つのパーツを切りとる。1つはふうとうの表にはり、1つはふうとうに入れる。用紙Aは線にそって小さく折り、ふうとうに入れる。

## 演技の達人

### おばけバラバラ事件

**1**「ここにおばけをつかまえた絵があります。再び逃げ出さないよう、たたんでしまいましょう」

ふうとうからおばけの紙を取り出し、広げて見せる。ふうとうに入っている顔のパーツと、表にはってあるへそのパーツも見せないように注意する。

**2**「この紙には折れ線が5本ありますね。自由に1つえらび、指で線を引いてください…。ただし、おばけも最後の予想をしています。予想が当たるとおばけが逃げ出し、夜に出てくるかもしれません。気をつけてください」

相手に1回ずつ折れ線を指示してもらい、その線で絵が表になるように2つに折っていく。ただし、折るときに斜線部分の「顔か、へそ」のどちらかが表に向くようにしていく。すると最後にはかならず「顔か、へそ」のどちらかが残る。

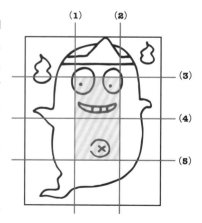

**ワザ** つまり、折れ線は相手にえらばせるが、折る方向は自分で決めてしまうのだ。

## タネあかし

**3**「はい、最後に"へそ"の部分が残りました。これは大変です。じつはおばけもこのとおり、へそを予想していたんです！」
ふうとうを表に返し、おばけの予言を見せる。

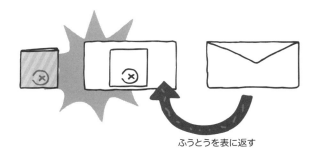
ふうとうを表に返す

**4**（もしくは）
「はい、最後に"顔"の部分が残りました。これは大変です。じつはおばけもこのとおり、顔を予想していたんです！」
最後が"顔"であれば、ふうとうの中から"顔"を取り出して、やはり予言どおりとなる。

ふうとうの中から出す

面白い！

☆…相手とのやりとりの例…☆

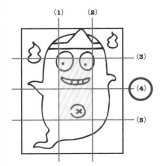

最初に（4）をえらんだら、どちら側に折ってもよい。

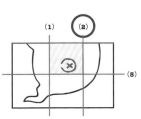

次に（2）をえらんだら、へそが表に残るように折る。

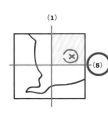

次に（5）をえらんだら、へそが表に残るように折る。

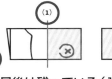

最後は残っている（1）でへそが表に残るように折り、予言のふうとうを表に返して見せる。

おばけバラバラ事件

# 吸血バンパイア

秘密だよ…

バンパイアとは人間の血を吸って生きる一族。ドラキュラ伯爵（はくしゃく）で有名だ。ここでは6匹のコウモリに姿をかえて、相手に忍（しの）びよるというマジックだ。

だが、危険なコウモリは1匹だけ。これをえらばないよう祈るだけだ…フフフ。

工作がいる　★★★（難しい）

●●●●●用意するもの●●●●●
無地のコースター　6枚
サインペン（赤と黒）

# 秘密のタネづくり

タネあかし

図のように絵をかいて、特別なカードをつくる。

表にコウモリの絵を6枚かく

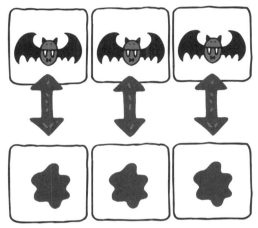
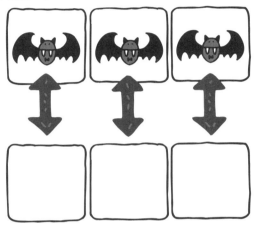

裏に赤いしみの絵を3枚かく　　　裏は無地のまま3枚

6枚を（赤いしみと無地を1枚おきに）重ねる　　　全体を表に返して準備完了

吸血バンパイア

175

## 演技の達人

### タネあかし

1 「人の血を吸って生きるバンパイアを知っていますか？ 見た目ではわからない怪物はいるものです。特に夜になったら注意しましょう。さて、ここに怪しげな吸血コウモリの絵が6枚あります。順に送っていくので、好きなときにストップと言ってください」
（相手）「…ストップ」
「では、このカードをわきに置いておきます」

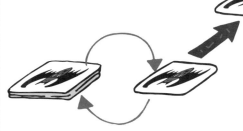

ストップがかかるまで上から下へ1枚ずつ回す。ストップのかかったところのカードをテーブルのわきに置いておく。
このカードの裏が赤いしみの場合は「Aパターン」、無地の場合は「Bパターン」と、最後のセリフがかわる。どちらのパターンかは4でわかる。

2 「それでは、残りのカードですが…」
図のように裏を見せていく。
右手で1枚取る。

3 左手で残りを持つ。

吸血バンパイア

### タネあかし

**4**「裏はこのとおりです」
同時に裏を見せ、またもどす。ここでは無地なのでBパターンとわかる（Aパターンなら赤いしみとなる）。

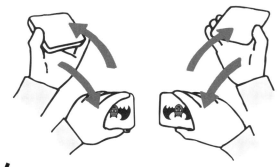

**5** 左手はいったんカードを全部置き、1枚だけを取る。右手のカードを手前に置き、その上に左手のカードを置く。

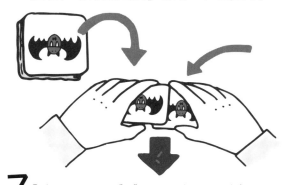

**6** もう1度、同じこと（2〜5）をする。

1枚残る
4枚になる

**7**「すべて同じデザインのものです」
残った1枚も裏を見せ（Aパターンは赤いしみ）、表に返して手前の4枚に重ねる。

どうどうと演技してね〜！
ケケケ…

吸血バンパイア

**8**「では、あなたのえらんだカードを見てみましょう」

相手のえらんだカード

（Aパターン）「…なんと、血がしたたっている絵です。6枚のうち、あなたは本当のバンパイアをえらんだようです。強い霊感を持っていますね」
テーブルのわきのカードを取り、裏を見せる。相手のえらんだカードだけが、ちがう裏のデザインだったように見える（Bパターンは、自動的に無地の裏になる）。

（Bパターンの場合は次のようにセリフをかえる）
「…なんと、血のかかれていないカードです。6枚のうち、あなたはまだ血を吸っていない腹ペコのバンパイアをえらんだようです。強い霊感を持っていますね」

吸血バンパイア

**ワザ** 5で左手のカードは見せた裏とはちがうカードを置くことになるが、両手を同時にリズムよくおこなえば気がつかない。演じる側が気にしないで、どうどうとおこなう態度が重要だ。

# 世界3大モンスター

**秘密だよ…**

　ドラキュラ、ミイラ男、フランケンシュタインと言えば、モンスター映画で世界的に有名なキャラクターだ。
　この３大モンスターを、３人の相手に自由にえらんでもらう。マジシャンは、相手が何をえらんだのか、すべて当ててしまうのだ。
　やはりモンスターの魔力なのだろうか？

工作がいる　★★★（難しい）

●●●●●用意するもの●●●●●
ふうとう　４枚（できれば洋型）
画用紙　ペン
のり　はさみかカッター

# 秘密のタネづくり

**タネあかし**

各図を参考に次のものをつくる。
①ふうとうの裏に各指示書をつくり、のりではる。

**❶ えらんだものが**
ドラキュラなら→1枚
ミイラなら→2枚
フランケンなら→4枚
「まよけのふだ」を
入れてください

ふうとう❶

**❷ えらんだものが**
ドラキュラなら→2枚
ミイラなら→4枚
フランケンなら→8枚
「まよけのふだ」を
入れてください

ふうとう❷

**❸ えらんだものが**
ドラキュラなら→3枚
ミイラなら→6枚
フランケンなら→12枚
「まよけのふだ」を
入れてください

ふうとう❸

1:ドミフ　5:ミフド
2:ミドフ　6:フドミ
3:ドフミ　7:フミド

ふうとう❹

↑これは暗号なので、相手に見えない
ように、ふうとうの内側にはる。

タネあかし

②モンスター用の画用紙に、各モンスターをかく。

ドラキュラ

ミイラ

フランケン

③ 18枚の魔よけのフダ。
（用紙を 18 枚のフダに切りわける。デザインは好きなように）

ふうとう❹に魔よけのフダと 3 枚のモンスターを入れておく。

世界3大モンスター

# 演技の達人

**1** 「世界でもっとも知られているモンスターをお見せします。とてもこわいので魔よけのフダといっしょにしてあるんです」
ふうとう❹から3枚のモンスターと18枚のフダを取り出す。

**2** 「3人に手伝ってもらいます。まず、このふうとうをそれぞれにわたしておきます」
左から順にふうとう❶❷❸とわたす。
（まだふうとうの指示書が見えないように表向きにわたす）

世界3大モンスター

**3** 「次に、この3枚のモンスターを自由に1枚ずつえらび、ふうとうに入れてもらいます。そのときに、ふうとうの裏に指示がかかれているので、それにしたがって魔よけのフダもいっしょに入れてください。それでは、私が後ろを向くので、その間にお願いします」
セリフのとおりにしてもらう。

# タネあかし

**4**「終わりましたね？ ふうとうはふうをして見えないところにしまってください」
（正面を向く）
「あまったフダはこちらにしまっておきます」
「それでは3人がえらんだモンスターですが……、あなたがドラキュラ、あなたがミイラ、あなたがフランケンを持っていると思います！」
（すべて当たる）

正面を向いたら、あまったフダを集めるときにひそかに枚数を数える。それをふうとう❹に入れるのだが、ここで内側にはられた暗号を見る。そしてあまった枚数の数字をさがし、そのとなりの3文字を暗記する。
たとえば1枚なら「ドミフ」である。これは各モンスターの最初の文字のことで、これで3人が何のモンスターをえらんだかがわかるのだ。
ド→ドラキュラ、ミ→ミイラ、フ→フランケン。
順にドラキュラ、ミイラ、フランケンをえらんだということなのだ。

**注意** 計算を応用したトリックで自動的にそうなる。フダの18枚とふうとうの配る順番はかえてはいけない。また、相手がフダの数をまちがえないよう、2回は数えてもらおう。
後は演技力が大切だ。

# マジックの秘密にせまれ

　カードマジックは、えらんだカードを当てるだけではない。カードが変化したり、動いたりと、あらゆる不思議を表現できる。これを演じるだけでも、本格的マジシャンとして評判になるだろう。ここでは、「動く」を演じてみよう。

## スペシャルカードマジック４
## たましいのやどるトランプ

　トランプには、人物がえがかれた"絵札"というものがある。
　16世紀のフランスに実在した、伝説の人物をモデルにつくられたものが元となっているらしい。そんな絵札には、たましいを引きつける力があると言われている。
　うまくいけば、トランプが手もふれずに動き出す…。

●●●●●用意するもの●●●●●
トランプ　セロハンテープ
黒い糸（または細いテグス）　25cmくらい
ゼムクリップ　輪ゴム
工具としてはさみかカッターナイフ
穴をあけるためのピン（画びょうなど）

# 秘密の準備

タネあかし

①はさみかカッターナイフでしかけの部品を切り取る。部品の角にピンで穴をあけ、糸を結びつけ、糸の先にはゼムクリップを結びつける。
これをクイーンの裏に、セロハンテープで両側からはりつけ、部品が扉のようにどちらにも動くようにする。

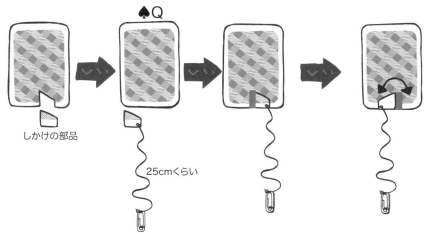

②クイーンの裏に糸とゼムクリップをまとめておく。2枚のトランプ（ダイヤ、ハートの4）ではさみ、輪ゴムをかけておく。しかけ（はりつけた部品）が相手の方になるように持って準備完了だ。

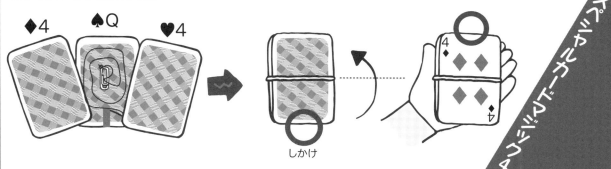

## スペシャル演技！

**タネあかし**

**1**「人物の絵がかかれているトランプには、さまようたましいが乗り移りやすいという話を知っていますか？ 今日はそれを持ってきました。悪いたましいが乗り移ると危険なんですが、2枚のお守りトランプではさんであるのでだいじょうぶです」

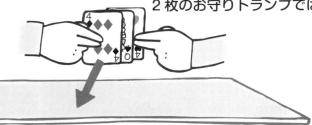

トランプから輪ゴムをはずして、図のようにテーブルのフチでたて向きに持つ。1枚ずつテーブルの手前によこならびに置いていくのだが、まず、ダイヤの4を置く。

**2**「これはお守りのトランプ（ダイヤの4）です」

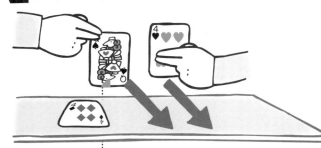

次に、残った2枚を左右の手にわけて持つ。このときクイーンの裏の糸がたれ下がるが、テーブルの裏で相手からは見えない。もちろんクイーンはテーブルのフチになるべく近づけておく。

**3**「これが問題のトランプ（クイーン）です」
「これはお守りのトランプ（ハートの4）です」

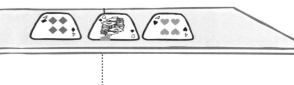

そしてクイーンのしかけが相手側になるよう、ダイヤの4のとなりに置く。そのとなりにハートの4も置く。

スペシャルカードマジック4

# タネあかし

**4**「それではかんたんな儀式をおこないます。このクイーンの片方のはしだけをセロハンテープで固定します。そしてお守りのトランプでおおいます」

クイーンの相手側のはしをセロハンテープでとめる。左右の4をその上に図のように重ねる。

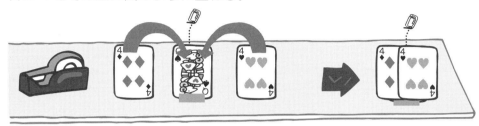

**5**「こうすると、クイーンにたましいが乗り移り、トランプが少し動くはずです」
「…まだかな？　動くとしても、よいたましいなのでほんの少しです。近くで見てください」

気持ちを集中し、テーブルのトランプを注目させる。テーブルのかげでゼムクリップをひそかにつかんでおく。

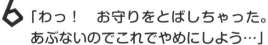

**6**「わっ！　お守りをとばしちゃった。あぶないのでこれでやめにしよう…」

相手が顔を近づけたら、糸を下に引っぱる。クイーンが2枚のトランプをはねのけて立ち上がる。セロハンテープをはがし、3枚のトランプをテーブルのかげで片づけよう。

スペシャルカードマジック4

## 著者紹介

### 藤原邦恭（ふじわら　くにやす）

小学校卒業の寄せ書きに将来の夢は…「職業奇術家」と記す。
1990年、プロマジッククリエイターとして始動し、夢を叶える。
以来、不思議と楽しさの融合をめざし、マジックや夢のある遊びを草案。
マジックグッズや書籍を含め、TVや講演、国内外で藤原ワールドを展開中。

### 著　書

『おり紙マジックシアター』『楽しいサウンドマジック』『おり紙歌あそびソングシアター』
『おり紙マジック　ワンダーランド』『100円ショップでどきどきマジック』
『子どもと楽しむ10秒マジック（DVD付）』『笑劇！教室でできる10秒マジック（DVD付）』
『かんたんクイック手品を100倍楽しむ本』『クリスマス・正月のハッピーマジック』（以上、いかだ社）
『お誕生会を変える！保育きらきらマジック』（世界文化社）など多数

イラスト●伊東ぢゅん子
DTP ●渡辺美知子デザイン室

# まるごとキッズマジック大集合BOOK

### 2017年10月10日　第1刷発行

著　　者●藤原邦恭 ⓒ
発行人●新沼光太郎
発行所●株式会社いかだ社
〒102-0072 東京都千代田区飯田橋2-4-10 加島ビル
TEL 03-3234-5365　　FAX 03-3234-5308
URL http://www.ikadasha.jp/
E-mail info@ikadasha.jp
振替・00130-2-572993
印刷・製本　株式会社モリモト印刷

乱丁・落丁の場合はお取り換えいたします。
ISBN978-4-87051-490-4
本書の内容を権利者の承諾なく、営利目的で転載・複写・複製することを禁じます。